守中高明

浄土の哲学

念仏・衆生・大慈悲心

河出書房新社

浄土の哲学——念仏・衆生・大慈悲心　目次

序　パンデミックと祈り——危機の時代、回帰する浄土　7

第Ⅰ部　浄土と衆生——法然、親鸞、そして一遍へ

第一章　浄土という場

（一）浄土はどこにあるか——法然における生の肯定、念仏の意志　20

（二）阿弥陀仏の力——親鸞における信・廻向・往生　36

第二章　衆生とは誰か

（一）「一切衆生」という名——法然における平等、親鸞における差異の肯定　52

（二）「不可思議の法」——一遍における〈離隔を惹き起こすもの〉たち、無‐底という自由　66

第Ⅱ部　他力の論理学

第一章　他力、あるいは自然《じねん》

（一）「他力」と「自然法爾《じねんほうに》」——法然から親鸞へ　80

（二）「神あるいは自然」——スピノザと親鸞　90

第二章　他力、あるいは無媒介の力

（一）「心によらざる法」——一遍における「他力」　107

（二）名号の力――弁証法を消尽する、あるいは決定不可能なるもの　119

第Ⅲ部　大慈悲の倫理学
第一章　念仏とマイノリティ
（一）中世被差別民と浄土の教え――親鸞における「悪人」　136
（二）「非人」とは誰か――排除－包摂から生成変化へ　150
第二章　念仏と結び合い
（一）「浄不浄をきらはず」――一遍、被差別民とともに　170
（二）踊り念仏――身体・コナトゥス・解放　180

第Ⅳ部　浄土革命のほうへ
第一章「立正安国」という問い
（一）「先づ国家を祈つて、須く仏法を立つべし」――排撃される専修念仏　200
（二）「王法／仏法」の彼方――主権権力と念仏の衆生　214
第二章　浄土コミューンの原理
（一）大地の民族と根本情調――ハイデガーにおける共同体の問い　223

（二）風の衆生と称名念仏——来たるべき浄土コミューン　241
あとがき　261
引用文献　266
参考文献　269

浄土の哲学——念仏・衆生・大慈悲心

《万《よろず》の衆生を伴なひて／はやく浄土にいたるべし》
――一遍

序　パンデミックと祈り——危機の時代、回帰する浄土

一冊の本は、いつ、どこでもよい抽象的な時間と場所で書かれるわけではない。書物はどれも、それ固有の日付と地理の刻印をおびている。ここに書かれようとしているこの本が置かれているのは、新型コロナウイルス感染症のパンデミックという脅威のもとにある二〇二〇年八月なかばの日本の首都・東京という都市環境のただなかだ。危機という言葉が、安易に用いられがちの常套句としてではなく、まさしく現実のリアルな音域で鳴り響き、鳴りやまない、そんな状況に私たちはいる。

実際、報道が連日伝えるのは、日本国内で増加するいっぽうの新規感染者数であり、それにともなって逼迫しつつある医療体制の現状である。そして、同時に確認されるのは、世界各地の惨状である。東アジア環太平洋諸国における犠牲者が——どんな偶然の要因によるのかはいまだ不明だが——相対的に少ないのに比して、この感染症による死者はすでにアメリカ合衆国で約一六万六〇〇〇人、ブラジル一〇万四〇〇〇人、メキシコ五万四〇〇〇人、インド四万七〇〇〇人、イギリス四万六〇〇〇人、イタリア三万五〇〇〇人、フランス三万人……、全世界で七四万九〇〇〇人にのぼる。感染者の総数は二〇六二万人（統計はいずれも二〇二〇年八月一三日現在）であり、被害と犠牲は全

世界規模に拡がり続け、終息の見通しがまったく立たない絶望的な状況に人類全体が置かれている。

この感染症のパンデミックは、しかし、自然災害ではない。そもそもこの新型ウイルスの発生は、自然の生態系への人間の広範囲かつ侵襲的な介入に起因しており、その介入による生態系の破壊が閾値を超えたとき、ウイルスの変異とヒトへの本来起こり得ない感染が起きたというのが専門家たちに共通の推定である。森林破壊にともなう新たな病原体との接触、無秩序な農業・畜産業の拡大による自然界にはない異種間の交わり、野生動物の食用目的の商業取引……。つまり、文明による生態系の調和の攪乱の結果、文明が生態系に復讐されているというのが、現在私たちが目の当たりにしている事態なのだ。

その根本的な原因のうえに、さらに事態を悲劇的にしたのが今日の世界を支配している経済的イデオロギー、すなわち、新自由主義という経済政策である。規制緩和により経済をつねにいっそう自由化するという発想にもとづき、経済への介入を強く抑制する「小さな政府」のもとで、国営企業や公共部門を民営化し、あらゆる社会活動を生産性・採算性という尺度のみで評価し、すべてを市場原理にゆだねることで資本の利潤を最大化しようとするこのイデオロギーが長く覇権をふるった結果、なにが起きたか。公共サービスは縮小し、社会保障は薄弱化し、教育・福祉・医療が衰退した。そして同時に、諸個人が市場での絶えざる競争にさらされるため、貧富の格差が拡がり、経済的弱者は「負け組」となり、その結果は「自己責任」だと言われた。新型コロナウイルス禍が露呈させたのはまさに、このイデオロギーの生んだ社会的不正義の真相である。アメリカ合衆国、イギリス、イタリア、フランス、スペインなどのいわゆる北側先進国において夥しい犠牲者が出たのは、病院体制が脆弱化し、あるはずの医療資源が欠如していたがゆえにであり、[1] さらにその犠牲者は合衆国においては黒人やヒスパニック系が、ヨーロッパ諸国においては移民労働者が高い割合を占めている。要するに、新型コロナウイルスは、新自由主義が作り出した脆弱な社会とその中で切り捨てられ構造的に差別され続ける人々に襲いかかったのだ。

状況は、いまだ現在進行形である。私たちはいまだ、この状況がいつ終わるのか、終わらせることができるのか、なに一つ確かに言うことができない。予測のできない宙吊りの混乱の中で、しかし、私たちは過去から学ぶことができるのではないか。人類の歴史が感染症との闘いの歴史であるとすれば、どんな過去の事例を私たちは参照すべきだろうか。

参照すべきは、今から一〇〇年前、一九一八年から一九二一年にかけてパンデミックを起こしたいわゆる「スペイン風邪」か。鳥インフルエンザ・ウイルスが変異した「H1N1亜型インフルエンザ」であることが今日では判明しているこの病は、アメリカ陸軍内で最初の感染集団が発生し、第一次世界大戦という状況下でヨーロッパ諸国へと拡がり、やがて全世界を覆いつくした。三度にわたる大流行の末、当時の世界人口の四分の一から三分の一が感染し、推定で一七〇〇万人から五〇〇〇万人が死亡したと言われるこの感染症から得られる教訓は、たとえばロックダウン＝都市封鎖の高い有効性（「セントルイス市長の英断」）[2] であり、たとえばウイルスが強毒化する可能性のある第二波・第三波への警戒である。現代の感染症学・公衆衛生学による詳細な研究がすでに行なわれているこのパンデミックについては、これ以上の言及は無用だろう。あるいは、想起すべきはペストか。五世紀の東ローマ帝国、一四世紀のヨーロッパ全土、そして一九世紀末から二〇世紀初頭の中国および日本から東南アジア・南アジアという世界史上で少なくとも三度の大流行が記録されるこの疾患は、北里柴三郎による病原菌の発見（一八九四年）と血清療法の発明、そしてその後の抗生物質による治療法（ペストは一類感染症の中では唯一ウィルス性ではなく細菌性である）の確立を経た今日ではすでに――依然として致死率の高い危険な病であるとはいえ――、歴史学や文化論の対象であると言えるかも知れない。とりわけ「黒死病」の別名で恐れられた一四世紀ヨーロッパにおけるパンデミックは、総人口の三分の一から三分の二にまで達する死者を出したと言われ、そのきわめて深刻な被害は社会構造そのものの変化をもたらさずにはいなかったし、他方、近代的医学の知を有する以前の当時の人々にとって、この病はいかなる政治も技術も権威も身分も無力であることを思い知らせる類例のない恐怖であった（その恐怖が集約されたのが「死の舞踏」と呼ばれる一ジャンルをなす絵画や彫刻作品群である）。

だが、これらの事例が教訓を与えてくれるとしても、現在の私たちにとってその方向性と範囲は限定的にとどまる。なぜなら、すでに言ったように、新型コロナウイルス感染症の脅威はなんら自然発生的なものではなく人間の現代文明に起因するものであるから、かつ、その拡大し続ける被害は同時代の特定の経済的イデオロギーと直に結びついているものであるからだ。つまり、問われているのは文明の総体であり、同時に世界資本主義の現在なのである。だとすれば、私たちに必要な指針は、私たちに別の世界への通路を開いてくれる教えは、どこに求められるか。

日本中世の仏教――ここに一つの鍵がある。だが、それはなにも、この危機の中にいる私たちが宗教的＝神話的世界観とその言説によって救われるなどという意味ではない。現実の危機に陥った人々に、宗教が特有の想像的慰めを与え、心の安寧をもたらすなどという精神論が問題なのではない。私たちが日本中世の仏教を、とりわけ法然に始まり、親鸞へ受け継がれ、そして一遍へと究極化していった称名念仏を核とする集団的実践を参照するとき、そこに賭けられているのは、この現実の危機を現実に切り抜けること、そのための心的および物質的運動の装置を組み立て、作動させることである。

中世における浄土信仰の背景ないし素地をなしていたのが、「末法《まっぽう》思想」であったことはよく知られているだろう。「末法」とはなにか。それは、仏教における三つの時代区分の一つであり、釈尊入滅後はるかに時を隔て「正法《しょうぼう》」（釈尊の教えが保たれ、修行によって悟りが得られる時代）千年、「像法《ぞうぼう》」（教法にしたがった修行はなされるが、悟りは得られなくなる時代）千年の後に来る、教えが説かれるだけで正しく修行する者も悟りを得る者もいなくなる時代を指す。一万年続くと信じられたこの仏教の頽廃・没落期に入ったのが、釈尊滅後二千年目にあたる一〇五二〔永承七〕年であると言われ、当時の人々はその意識を強く共有していた。そして、その一種の終末意識――「末世」とも呼ばれた――を裏づけるように、この当時、大規模な自然災害と疫病の大流行が頻発した。一一世紀初めから記録をたどれば[3]、京の都および畿内諸国にかぎっても、一〇一六〔長和五〕年に疫病の流行、一〇二〇〔寛仁四〕年から一〇二一〔治安元〕年に飢饉とそれに続く疱瘡（＝天然痘）の流行、一〇二五〔万寿二〕年に旱魃・疱瘡の流行、一〇三一〔長元四〕年から翌年に大旱魃、一〇三五〔長元八〕年にも旱魃が起きている。そして、その後も疫病の発生はまったく途絶えることなく、一〇三六〔長元九〕年、一〇四〇〔長久元〕年、一〇四四〔寛徳元〕年、一〇五一〔永承六〕年、一〇五二〔永承七〕年、一〇七二〔延久四〕年、一〇七五〔承保二〕年、一〇七七〔承暦元〕年、一〇九〇〔寛治四〕年へと繰り返されたことがさまざまな文献に書きとどめられている。他方、一〇九五〔嘉保二〕年の疱瘡の流行に続いて、一〇九六〔永長元〕年には永長東海地震が、一〇九九〔康和元〕年には康和南海地震とそれに続く疫病の流行が起き、甚大な被害をもたらす（この二つの巨大地震は、今日で言う「南海トラフ」地震である）。この略年譜からだけでも明らかに見てとれるように、一一世紀を通じてほぼ四〜五年ごとに旱魃や疫病の大流行があり、後半には三年のあいだに二度、巨大地震が襲いかかった。まさに人々に「末法」という終末意識を広くいだかせるに充分すぎる災厄である。頻繁に行なわれた改元が、その災厄を祓うためのものであったことは言うまでもない。

このような社会状況の証言が、鴨長明『方丈記』に読まれる――

　また、養和のころとか、久（し）くなりて覚えず、二年《ふたとせ》があひだ、世中《よのなか》飢渇《けかつ》して、あさましき事侍《はんべ》りき。或は春・夏ひでり、或は秋、大風・洪水など、よからぬ事どもうち続きて、五穀こと〴〵くならず。むなしく春かへし、夏植《う》うるいとなみありて、秋刈《か》り冬収《をさ》むるぞめきはなし。

　これによりて、国々の民、或は地を棄てて境を出《い》で、或は家を忘れて山に住む。さま〴〵の御祈《おんいのり》はじまりて、なべてならぬ法ども行はるれど、更にそのしるしなし。〔…〕

　前の年、かくの如く辛《から》うじて暮れぬ。明くる年は立ち直るべきかと思ふほどに、あまりさへ疫癘《えきれい》うちそひて、まさゝまに、あとかたなし。世人《よのひと》みなけいしぬれば、日を経つゝ、きはまりゆ

くさま、少水《せうすい》の魚《いを》のたとへにかなへり。(4)

「養和」は、一一八一年七月に始まり翌一一八二年五月に「寿永」へと改元されるまでのわずか一〇ヵ月を指す元号だが、長明の記憶によれば、このときも旱魃と飢饉、あるいは逆に台風と洪水が続き、「国々の民」は土地を捨てて国境《くにざかい》を越えて他国へ逃れ、「御祈」＝朝廷による祈禱が始まり格別の修法がなされるがまったく効果がなかった。翌年にはそのうえ「疫癘」＝伝染病が加わって、状況はますます悲惨になり、平穏な日常は跡形もなくなり、世間の人は皆、病にかかってしまったので、日ごとに追い詰められていく様子はまるで、干上がりそうなわずかな水の中で苦しむ魚のようだ……。

六十歳になった長明によるこの回想録が書かれたのはすでに鎌倉時代に入った一二一二〔建暦二〕年であり、この年はまさに、法然が八十歳で死去した年である。つまり、ここに書かれている悲惨を、法然もまた同時代人として経験したわけである。事実、法然はみずからの教えが「末法」の人々のためのものであることを自覚し、称名念仏の実践が「末法」においてこそ役立つことを繰り返し説いている。浄土宗の教義の集大成である『選択本願念仏集』（一一九八〔建久九〕年）――これは九条兼実の求めに応じて法然が六十五歳のときに書きあげたものだ――の劈頭の一文で「南無阿弥陀仏　往生の業には念仏を先とす」と宣言した後、法然はその根拠として『安楽集』からつぎのくだりを引用する――

当今は末法、現にこれ五濁悪世《ごじょくあくせ》なり、ただ浄土の一門のみありて通入すべき路なり。[5]

現在から見てたんに宗教的混乱への倫理的戒めと受け取られかねないこのくだりは、しかし、当時の社会状況に照らすとき、強いリアリティを持っていることが理解される。「五濁」とは「劫濁《こうじょく》」＝天災・疫病・戦など社会的混乱や悪が起こること、「見濁《けんじょく》」＝誤った見解や邪悪な思想がはびこること、「煩悩濁《ぼんのうじょく》」＝貪《とん》（むさぼり・我欲）・瞋《じん》（怒り・憎しみ）・癡《ち》（無知・無明）などの煩悩が盛んになること、「衆生濁《しゅじょうじょく》」＝衆生の資質が劣悪になること、「命濁《みょうじょく》」＝衆生の寿命が次第に短くなることの五つの穢れを指し、それらが複合的に起きる時代を「悪世」と言う。天変地異が続き疫病が蔓延し、その結果、人心が混乱し社会に夥しい犠牲者が溢れた平安末期から鎌倉初期は、文字どおりの「五濁悪世」であったのである。

そして、この時代意識は親鸞においても分け持たれており、一遍においてはさらに独自の仕方で先鋭化している。一方の親鸞は、『教行信証』（『顕浄土真実教行証文類』）のとりわけ「化身土巻」前半で、『安楽集』から法然と同じくだりを引きつつ「しかれば穢悪濁世《えあくじょくせ》の群生《ぐんじょう》、末代の旨際《しさい》を知らず、僧尼の威儀を毀《そし》る。今の時の道俗、おのれが分を思量せよ」[6]（だからこそ、穢れた五濁の世の人々は、末法の時代がどんなものか、その区別も知らずに僧尼の振る舞いを謗っているが、この時代の出家も在家も、みずからの資質や能力を思いはからねばならない」と書いたあとで、『末法燈明記』『涅槃経』『大集経』など多数の経典を比較・参照しながら正法・像法・末法の定義とそれぞれの時代における僧のあるべき姿を詳述している。法然の直弟子たる親鸞にとって、「末法」という時代意識はその思考の当然の前提であった。他方、一遍はどうか。『播州法語集』が記録するある個所で一遍は、念仏以外のさまざまな修行でも往生できるか否か、たとえば『法華経』の教えと名号のどちらが優れているか、といった問いに対して、『法華経』こそが釈尊がそれを説くためにこの世に出た「本懐」だと言っているのも経典であり、釈尊が「五濁悪世」に出て「成道」したのは念仏の法を説くためだと言っているのも経典(『阿弥陀経』)だが、「三宝滅尽の時」=仏法僧が滅亡する末世に至っていったいどうしてその優劣を論じられようかと述べたあと、つぎのように断言する――「念仏の外《ほか》には物もしらぬ法滅百歳の機に成《なり》て、一向念仏申《もうす》べき物なり」(7)〔念仏以外にはなにも知らない仏法滅後百年の衆生となったつもりで、一向に念仏を申すべきである〕。たとえ今が、「末法」の一万年間を過ぎたさらに百年後という究極の苦難の時代だったとしても、すべてを念仏行に賭けるべきだ――それがこの時代における一遍の覚悟であった。

だとすれば、私たちは法然、親鸞そして一遍へといたる教えの変遷を、たんに仏教史上の教義の変革としてのみ捉えるべきではないだろう。そうではなく、「末法」、すなわち旱魃と飢饉と巨大地震、そして何よりも疫病が蔓延する世界のリアルな恐怖を前にした、徹頭徹尾実践的な衆生救済の方法論としてこの三人の教えを読むこと――これこそが、新型コロナウイルス感染症のパンデミックという同じ災厄の時代を生きる今日の私たちに求められる姿勢であるはずだ。

それゆえ、以下の各章に綴られるのは、三人の偉大な宗教者が残した言葉から、危機の時代を生き延びていくための必須の思考を抽出しようとする試みである。私たちはまず、前提作業として、

「末法」たる現代においていかにみずからの生を留保なく肯定するか、その心的回路を「浄土」と「阿弥陀仏」そして「衆生」概念を定位し直すことをとおして見出そうとするだろう。ついで私たちが試みようとするのは、人間の思いあがりと文明への過信を撃つべく「他力」と「自然《じねん》」の二つの概念を新たに作動させることであり、とりわけ「自然」が日本中世から現代までを貫いてもつ倫理学的‐存在論的意味を明らかにすることである。さらに今日の仏教者にとっても最重要の課題の一つである反‐差別の問い――法然・親鸞・一遍がそれぞれの現場で実践したマイノリティとの連帯を検証することで、この問いへの応答責任を私たちは果たすつもりだ。そして最終的に私たちは、称名念仏という行ないから新しい社会的紐帯を作り出す運動の原理を、それも、念仏という祈りの情動によって結ばれた、しかし絶えず新たに生成し、そのつど新たな場を出現させる非‐可算的な集団、すなわち浄土コミューンを作り出す原理を導き出すつもりである。国民国家の論理そして世界資本主義の論理の〈外〉をいかに開くべきか……。

この序文は――かのヘーゲルの思考の手続に反して――、文字どおり、この本の端緒であり、本文への助走に過ぎない。願わくば、これから来る本文がこの時代の要請に応え得るものであらんことを。そしてこの本が、読者とともにこの危機を生き延びてくれんことを。

註

（1）ＯＥＣＤ（経済協力開発機構）の統計（OECD Health Statistics 2020）によれば、人口一〇〇〇人あたりの病床数は、二〇〇〇年から二〇一八年（ないし二〇一七年）にかけて、ほぼすべての北側先進諸国で六〇％台から七〇％台に減少している。たとえば、アメリカ合衆国：三・四九床→二・八七床（八二％）、イギリス：四・〇八床→二・五四床（六二％）、フランス：七・九七床→五・九一床（七四％）、イタリア：四・七一床→三・一四床（六六％）、スペイン：三・六五床→二・九七床（八一％）。このうち、合衆国とスペインの減少幅は八〇％台だが、病床の絶対数は最低水準である。また、社会福祉の手厚さで知られる北欧三国もさらに低い＝スウェーデン：三・五八床→二・一四床（六〇％）、デンマーク：四・二九床→二・四三床（五六％）、フィンランド：七・五四床→三・六一床（四八％）。つぎのＵＲＬを参照：https://www.oecd.org/health/health-data.htm

（2）一九一八年の流行に際し、ミズーリ州セントルイスでは市中に最初の死者が出るやただちに緊急事態宣言を発令、学校・劇場・教会・大型販売店などを閉鎖し、集会を禁止した。市中感染率＝二・二％の早期にこの英断を下したおかげで、感染の集中が起きず、医療サービスや社会機能の破綻は避けられた。他方、ペンシルヴェニア州フィラデルフィアでは、市中感染率が一〇・八％になってから規制を開始したため、八週間にわたって大流行が続き、医療を含む社会機能全般が破綻し、一万五〇〇〇人以上が死亡した。最終的な死亡率は、セントルイス＝〇・三％に対し、フィラデルフィア＝〇・七三％。つぎのＵＲＬを参照：https://www.pref.kyoto.jp/tango/ho-tango/documents/1221617170578.pdf

（3）富士川游『日本疾病史』平凡社、一九六九年。『日本史総合年表』加藤友康・瀬野精一郎・鳥海靖・丸山雍成編、吉川弘文館、二〇一九年を参照。

（4）鴨長明『方丈記』（『方丈記　徒然草』西尾實校注、「日本古典文学大系30」岩波書店、一九五七年所収）、二九－三〇頁。旧漢字を新漢字に変更。

（5）大橋俊雄『法然全集』第二巻、春秋社、一九八九年、一六二頁。

（6）『浄土真宗聖典――註釈版　第二版――』浄土真宗本願寺派総合研究所編、本願寺出版社、二〇一三年、四一七頁。

（7）『一遍上人全集』橘俊道・梅谷繁樹訳、春秋社、二〇一二年、一九〇－一九一頁。

第Ⅰ部　浄土と衆生——法然、親鸞、そして一遍へ

第一章　浄土という場

（一）浄土はどこにあるか――法然における生の肯定、念仏の意志

日本中世仏教史における浄土という概念――それが最も高い強度をはらんで形成されたとき、そして最も大きな負荷を担わされたとき、その概念はいったいなにを指し示していたか。そこに賭けられていたのはどのような問いであり、どのような可能性であったのか。そしてそれはいったいなにを斥け、なにを迎え入れていたのだろうか。

法然が称名念仏という易行にその教えの一切を結晶化し、凡夫往生を約束したとき、その前提には源信（九四二〔天慶五〕－一〇一七〔寛仁元〕年）に代表される浄土信仰の平安的パラダイムがあった。浄土信仰それ自体の起源は古く、浄土教の三つの根本経典（浄土三部経）のうち『無量寿経』と『阿弥陀経』がインドで編纂された紀元一〇〇年頃にまで遡る。通史的に主な固有名詞をたどれば、龍樹（ナーガールジュナ：一五〇－二五〇年頃）の『十住毘婆沙論』、世親（ヴァスバンドゥ：四〇〇－四八〇年頃）の『往生論』が浄土を体系的に記述した最初期の著作であり、もう一つの根本経典である『観無量寿経』は後者の同時代におそらく中央アジアで成立、漢訳の過程で中国的要素が加わって完成された。その中国において、やがて『往生論註』の曇鸞（四七六－五四二年？）、『安

楽集』の道綽（五六二－六四五年）、『観無量寿経疏』の善導（六一三－六八一年）の三者の系譜において浄土往生の思想が確立する。日本に浄土教が伝わるのは七世紀前半のことだが、本格的な導入はまず、唐での九年間におよぶ研鑽ののち五台山で会得した念仏三昧法（「引声《いんぜい》念仏」）を天台宗・比叡山に定着させた円仁（七九四〔延暦一三〕－八六四〔貞観六〕年）によって行なわれ、ついで『極楽浄土九品往生義』の良源（九一二〔延喜一二〕－九八五〔永観三〕年）が称名念仏という行の重視、そして九品《くぼん》という行者の位階のうちで最も劣位である「下品下生《げぼんげしょう》」をも救済する阿弥陀仏の力の明確化によって、大きな役割を果たした。

　源信は良源に師事し天台宗の正統な行業を修めることから始めたが、しかしその著作の数々は、天台浄土教の枠組みそのものを刷新し大きく展開させる傑出したものだった。とりわけ圧倒的な影響力を持ったのが『往生要集』（九八五年）である。日本浄土教史上、まさに時代を画するこの一冊はどのような思考に貫かれているか。第一の特徴は、「厭離穢土《おんりえど》、欣求浄土《ごんぐじょうど》」という言葉に集約されるこの世の生を厭い、その穢れの深い認識ゆえに、浄土に生まれることを強く希求するという心性であり、第二の特徴は、その浄土往生のためにみずからの生の有限性を自覚し、つねに意識化しつつ、臨終の瞬間にむけて精神を研ぎ澄ませていくという態度である。この二つの特徴が鮮明に具体化されたのが「臨終行儀」という儀式――それは天台僧のみならず、平安中期以降の貴族階級のあいだで広く執り行なわれた宗教的－文化的儀式だった――であり、そしてその儀式を基礎づけていたのは、源信のつぎのくだりに読まれるような思考である――

仏子、知るやいなや。ただ今、即ちこれ最後の心なり。臨終の一念は百年の業に勝る。もしこの刹那を過ぎなば、生処《しょうしょ》、応に一定《いちじょう》すべし。今正《まさ》しくこれその時なり。当に一心に念仏して、決定《けつじょう》して西方極楽微妙《みみょう》浄土の、八功徳《はっくどく》の池の中の、七宝《しっぽう》の蓮台の上に往生すべし[1]。

臨終の際に称えるただ一度の念仏こそが「百年の業に勝る」価値をもつのであり、この瞬間を過ぎれば、つぎに生まれる処が定まる。今がまさにその時であるから、一心に念仏して西方極楽浄土の「八功徳の池」の中の「七宝の蓮台」のうえに往生すべきである……。ここには源信の往生観が集約的に表現されている。誰もが避けることのできない死という究極の脅威の瞬間にこそ念仏を称えよ、そうすればその瞬間を経由して、死後の救済が約束され、つまりは、西方極楽浄土という安楽の世界へ往き生まれることができるのだ、と。

このような往生観は、今日の私たちにおいても漠然と共有されているそれに近いとも言えようが、しかし、それを理解するために強く留意しなければならない点がある。それは「六道輪廻」というこの時代に支配的であった観念形態である。「六道輪廻」とはなにか。それは「地獄・餓鬼・畜生・修羅・人・天」の六つの世界へ、衆生がみずから作った業にしたがってつぎつぎに生まれ、そして死ぬことを意味する。「輪廻」は衆生にとって避けられぬ運命であり、その不可避の運命から脱却すること、すなわち「輪廻の里」を離れ、「生死《しょうじ》」を離れることを可能にする唯一の道こそが「往生」であると考えられていた。とりわけ「地獄・餓鬼・畜生」は「三悪趣《さんなくしゅ》」（「三悪道」）と呼ばれ、そこへ堕ちることが衆生にとっての現実的な恐怖であり、この時代の人々を縛り、苦悩させていたオブセッションであった。事実、源信が『往生要集』で描き出したのは、一方で「地獄」の凄惨極まる情景とそこで衆生が受けねばならぬ極限的苦痛の数々であり、他方で「浄土」の荘厳清浄なる情景とそこで衆生が授かる無上の悦楽の数々である。その鮮烈な対比は同時代の人々の想像界に圧倒的な衝撃を与え、そしてそれゆえに「欣求浄土」を、すなわち「往生」を求める切実な心性を広くまた深く浸透させることになった。

平安貴族たちが仏教寺院へ競い合うようにして寄進をし、あるいは仏像を造り仏塔を建立することに熱心だったのはそれゆえのことである。京都・宇治の「平等院」がその最も精緻かつ絢爛たる実例であることは、よく知られている。藤原頼通が一〇五二〔永承七〕年に開基したこの寺院は、巨大な阿弥陀仏像を中心に据える鳳凰堂、その内部の壁扉画や菩薩像、そしてその周りを取り囲む庭園のすべてが西方極楽浄土を――『観無量寿経』の記述にしたがって――観想するために配置されている。この時代にはそのほかにも、藤原道長が建立した「無量寿院」（一〇二〇〔寛仁四〕年）、白河天皇の勅命による「六勝寺」などが相次いで姿を現した。そしてそのようにして善根功徳を積むと同時に、平安貴族たちはみずからの死に際して「臨終行儀」を整えることを怠らなかった。作者を特定できない『栄花物語』に描かれた藤原道長の往生の様子、あるいは藤原実資『小右記』にもその典型は読まれる。

しかし、浄土信仰のこの平安的パラダイムはなにを、あるいは誰を排除していたか。死へと求心化された時代精神とともに構築された宗教的-文化的-美学的パラダイムであり、したがって歴然たる階級意識の産物であったそれが、必然的に庶民を排除するもの、というよりも庶民をその主体としてはまったく想定していないものであったことは明らかだ。そもそも源信の拠点たる天台宗・比叡山は往生のためになにを求めていたか。最も伝統的で基本をなすのは「四種三昧」という修行法であり、「常坐三昧」（止観坐禅によって心身を統一安定させ、一切の因果道理を観ずべく、一日二度の食事と用便のほかは九十日間坐り続ける行）、「常行三昧」（阿弥陀仏を心に念じ、名号を称えつつ、阿弥陀仏像のまわりを行道し続ける行。同じく九十日間を一期《いちご》とする）、「半行半坐三昧」（行道と止観坐禅をあわせて修しつつ、罪を懺悔し仏心を成ぜんとする行）、「非行非坐三昧」（行法と期日の定めなしに、毎日の生活を高度な規範に合わせて営み、悟りを得ようとする行）の四つからなる。ただちに理解されるように、このような行を修するためには強靭な身体と強靭な精神の二つを併せもっていなければならない。心身ともに文字どおり選ばれた者＝エリートだけが、天台僧として修業することができ、したがって悟りと往生への道に挑むことができたわけである。

しかも、この修行に入るための大前提がある。受戒、すなわち、戒律を授けられそれを守ることが、天台僧となる前提条件であり、それなしに比叡山・延暦寺に登り修行することは許されなかった。天台宗の公的な創始者である最澄は、唐から帰国し比叡山において大乗戒壇を開くにあたって、当時の唐で僧侶が受けるべきとされていた「具足戒」と「菩薩戒」のうち、後者のみを残したが、その最澄が『梵網経』に準拠して改めて定めた大乗菩薩戒＝「円頓戒」は「十重《じゅうじゅう》四十八軽戒《しじゅうはちきょうかい》」という十の重い戒律と四十八の細かな戒律からなるものであった。

一方の「十重禁戒」とは「殺戒《せっかい》」（殺生をしてはならない）、「盗戒《とうかい》」（盗みを働いてはならない）、「婬戒《いんかい》」（性交渉をしてはならない）、「妄語《もうご》戒《かい》」（嘘をついてはならない）、「酤《こ》酒戒《しゅかい》」（酒を売り買いしてはならない）、「説四衆過戒《せつししゅうかかい》」（他者の過ちを非難し吹聴してはならない）、「自讃毀他戒《じさんきたかい》」（自己を讃嘆し他者を貶めてはならない）、「慳惜加毀戒《けんじゃくかきかい》」（与えることを惜しんではならない）、「瞋心不受悔戒《しんじんふじゅげかい》」（謝罪に対して怒って受け容れないことがあってはならない）、「謗三宝戒《ほうさんぼうかい》」（仏・法・僧の三宝を謗ってはならない）の十を言う。

他方の「四十八軽戒」の一部を挙げれば、「不敬師長戒《ふきょうしちょうかい》」（師を敬わず供養しないことはあってはならない）、「不飲酒戒《ふおんじゅかい》」（酒を飲んではいけない）、「不肉食戒《ふにくじきかい》」（肉類を食べてはいけない）、「不食五辛味戒《ふじきごしんみかい》」（五種の辛味を食べてはいけない）、「不敬好時戒《ふきょうこうじかい》」（六斎日〔精進の日〕に戒を破ってはならない）などの日常的な戒めが多数あるほか、「懈怠不聴法戒《けたいふちょうぼうかい》」（怠惰により仏法を聴受しないことを戒める）、「憍慢不請法戒《きょうまんふしょうぼうかい》」（憍慢心を起こし仏法を請わないことを戒める）、「不発願戒《ふほつがんかい》」（修行に励み悟りを得ようという誓願を立てないことを戒める）など仏教者の規範に関わる戒、「蓄殺衆生具戒《ちくせつしゅじょうぐかい》」（人を殺す武器を蓄えるべからず）、「国使戒《こくしかい》」（敵に通じて戦を起こすべからず）、「破法戒《はほうかい》」（仏法を破壊すべからず）などの社会の安全のための戒まで、その範囲は実に多岐にわたる。これらをすべて固く守ってはじめて僧と認められたのである。

それゆえに、当時の庶民階級の人々は、浄土という理想を知り、往生という救いを知りつつ、しかし、みずからがその理想と救いから何重にも排除されていることを日々痛いほど思い知らされていた。自分は天台僧にはなり得ず、比叡山における高度な行法に耐え得るような強い肉体も精神ももってはいない。そもそも俗世に埋没し、日々の暮らしをつなぐだけで精一杯であり、その営みの中では「十重禁戒」どころか「四十八軽戒」の一つすら保つことができず、毎日が破戒、すなわち罪と造悪の連続である。しかし、だからと言って、貴族階級の者たちのように寺に寄進し、仏像や仏画を献上することも寺院を建立することもできず、富の力で仏法に貢献することもできはしない。自分はなんの行も修すことができず、なんの功徳を積むこともできないまま、罪業深き身で今生を虚しく終える。待っているのは、六道輪廻の迷いの世界、地獄堕ちだけだ……。

法然が称名念仏を差し出したのは、まさにそのような庶民へむけてである。その教えはなによりも、源信的浄土観の抑圧とその往生概念の桎梏から庶民＝衆生を解放すること、そして別種の浄土と往生への道を開くことにあった。まず、つぎの書簡――

> 念仏ノ行ハモトヨリ有智・無智ニカギラズ、弥陀ノムカシチカヒタマヒシ本願モ、アマネク一切衆生ノタメ也。無智ノタメニハ念仏ヲ願ジ、有智ノタメニハ余ノフカキ行ヲ願ジタマヘル事ナシ。十方衆生ノタメニ、ヒロク有智・无智〔無智〕、有罪・无罪〔無罪〕、善人・悪人、持戒・破戒、タフトキモイヤシキモ、男モ女モ、モシハ仏在世、モシハ仏滅後ノ近来ノ衆生、モシハ釈迦ノ末法万年ノノチ、三宝ミナウセテノ時ノ衆生マデ、ミナコモリタル也。(2)

「弥陀ノムカシチカヒタマヒシ本願」とは『無量寿経』の「四十八願」中の第十八願に説かれる法蔵菩薩の誓願、すなわち、「たとい我れ仏を得たらんに、十方の衆生、至心に信楽して、我が国に生ぜんと欲して、ないし十念せんに、もし生ぜずといわば正覚《しょうがく》を取らじ」(3)を指す。法然の革命的な独自性は、この第十八願に善導の『往生礼賛』からつぎの解釈を加えて、称名念仏のまったく新しい意義を導き出したことにある――「もし我れ仏と成らんに、十方の衆生、我が名号を称すること下十声に至らんに、もし生ぜずは正覚を取らじ。かの仏、今現に世にましまして仏に成りたまえり。まさに知るべし。本誓の重願虚しからず、衆生称念すれば、必ず往生することを得、と」[4]。「たとえ私が仏になることができたとしても、十方世界の衆生がまことの心をこめて信じ願い、私の国（＝浄土）に生まれたいと欲して、十回念ずるに及んでも、もし生まれることができなければ、私は正しい悟りを得た仏にはなるまい」という誓願を立てた法蔵菩薩は、長い修行の末にすでに十劫の昔に「正覚」を得て仏になっている。したがって、法蔵菩薩の誓いはすでに実現しているのであってみれば、その「名号を称する」人が往生することもまた確かに約束されており、念仏行者の救いはつねにすでに「決定《けつじょう》」しているのだ――法然が確立したこの称名念仏による救済の理路、とりわけその特有の未来完了の論理とそれを反復する「南無阿弥陀仏」という一文のパフォーマティヴなはたらきと効果については他処で詳述したのでここでは繰り返さない[5]。だが、私たちがここであらためて確認すべきなのは、「念仏ノ行」が遍く「一切衆生ノタメ」のものであること、その救済にはいかなる条件も付されておらず、むしろ、さまざまなあり得る条件性を積極的に解除するものだということである。法蔵菩薩＝阿弥陀仏は、ただ「無智」なる庶民のためだけに易行である念仏を説き、「有智」なる者のためにはそれ以外の奥深い修行を説いているというわけではない。「智」の有無、「罪」の有無の区別も、善人であるか悪人であるか、戒を保っているか破っているかの区別も、貴賤・男女の差別もなしに、文字どおり十方世界の万人を救いの対象とするのが法蔵菩薩＝阿弥陀仏の「本願」なのである。しかもここでは、この教えが「仏滅後」の「近来ノ衆生」を、さらには

「末法万年」の後に仏法僧の「三宝」がことごとく失われてしまった時代の衆生さえをも、すべて包摂するものであることが強調されている。法然は、みずからが目の前にしている同時代の衆生が「末法」という終末意識に苛まれているのをはっきりと見て取り、その自覚のうえで新たな浄土概念を錬成しているのである。

そのことは、法然がいくつもの箇所で源信的な往生の行の体系化と純化を否定し、ときとして源信の名を直に挙げて批判していることからも明らかだ。たとえば、つぎの問答がある——

一、この真如観はし候べき事にて候か。

答、これは恵心のと申て候へども、わろき物にて候也。おほかた真如観をば、われら衆生は、えせぬ事にて候ぞ、往生のためにもおもはれぬことにて候へば、无益に候。(6)

ここで言う「真如観」とは——恵心僧都＝源信の作と後に伝えられるようになった書物のタイトルを指しているのではなく(7)——、『往生要集』「大文第四　正修念仏」中の「第四　観察門《かんざつ》」、とりわけその「二　惣相観」に詳述されているような仕方で、「三身即一《さんじんそくいつ》」「諸仏同体」「万徳円融」であり「真如実相《しんにょじつそう》」たる阿弥陀仏の「相好《そうごう》（＝身体的特徴：三十二の「相」と八十種の「好」からなる）」を、雑念をはらい精神を集中して観察《かんざつ》することを意味する。(8)源信においてこの「観察門」は往生浄土の行として特に重んじられていた。恵心＝源信の説くその「真如観」は行ずべきことか、という端的な問いに対し、法然は悪しきこと、不適切な行であると断ずる。それは私たち衆生には容易にできないことであり、往生のためになるとも思えず、「無益」なだけである、と。みずからを含む衆生をすべて「凡夫」と定義した法然にとって、あらゆる雑念を拭い去った純粋な想念などという境位は、虚構の産物でしかあり得なかったのである。

衆生の生の惰性態を見据え、そのリアリティを積極的に肯定してゆく法然――この思考は、源信における臨終念仏への求心化を斥けることへ帰結する。「一百四十五箇条《いっぴゃくしじゅうごかじょう》問答」の中には、たとえばつぎの簡潔な問答が――

一、臨終に、善知識にあひ候はずとも、日ごろの念仏にて往生はし候べきか。

答、善知識にあはずとも、臨終おもふ様ならずとも、念仏申さば往生すべし。(9)

ここには、「臨終の一念は百年の業に勝る」と言った源信の対極をなし、その抑圧から衆生を解放しようとする法然がいる。ここにあるのは「臨終行儀」に象徴的に現れた宗教的‐文化的階層秩序を打ち破り、その外部へと念仏の領野を押し拡げる身ぶりにほかならない。実際、「臨終」という場面を「おもふ様」で迎え、経由し得るのは、ごく一部の特権階級に属する者だけである。社会の階層秩序の広大な底辺をなす庶民、すなわち衆生は、みずからの有限な生の最期のときですら思うままにならずに迎えるほかない。だが、その庶民＝衆生が称える「日ごろの念仏」こそが往生の行である、と法然は断言する。この姿勢は、庶民の素朴な問いに対してだけのものではない。「浄土宗略抄」と呼ばれる「かまくらの二位の禅尼」＝源頼朝の死後出家した北条政子の要請に応えて記された長文の書簡の中でもまた、源信的な「臨終の一念」の特権化を批判した後で、法然は「もとより念仏を信ぜん人は、臨終の沙汰をばあながちにすべき様もなき事なり」〔もともと念仏を信じている人ならば、臨終の場面の是非を強いて論ずるまでもないことです〕(10)とつけ加えている。

そして、つぎのくだりはどうか。法然は、臨終／平生《へいぜい》に優劣をつける源信的問題設定そのものを解体してしまうのである。「念仏往生要義抄」に読まれるその問答はこうだ――

問ていはく、摂取の益をかうぶる事は、平生か臨終か、いかむ。

答ていはく、平生の時なり。そのゆへは、往生の心ま事にて、わが身をうたがふ事なくて、来迎をまつ人は、これ三心具足の念仏申す人なり。この三心具足しぬればかならず極楽にうまるといふ事は観経の説なり。かゝる心ざしある人を、阿弥陀仏は八万四千の光明をはなちててらし給ふ也。平生の時てらしはじめて、最後まですて給はぬなり。かるがゆへに不捨の誓約と申候也。(11)

決定的なことが言われている。ここで法然はたんに、往生を願う心がまこと＝真実であり、自分の身を疑うことなく阿弥陀仏の来迎を待っている人ならば、その人は「至誠心」「深心」「廻向発願心」という「三心」をそなえている念仏行者であり、そのような「三心具足」の念仏行者は必ず極楽浄土に往生するという原則を『観無量寿経』に拠って確かめているだけか。いや、そうではない。「かゝる心ざしある人」を阿弥陀仏は「八万四千の光明」を放って照らすのだが、その光明は「平生の時」から照らし始め、その「平生」のあいだ持続し、最後まで照らし続けて見捨てることがない。それゆえに、阿弥陀仏の救済は「摂取不捨」の誓約であるのだ、と法然は説く。ここにはすでに「平生」と「臨終」の二つを比較衡量する視点はない。そうではなく、「摂取」の利益《りやく》を受けるのは「平生か臨終か」という問いに対して、「平生の時なり」と応ずるとき、法然はすでに、源信的な臨終念仏至上主義の否定を超えて、称名念仏が衆生の生きてある時間においてこそ意味をもつことをきっぱりと告げている。すなわち、阿弥陀仏の「摂取不捨」の力が衆生の生そのものをこそ救済する力であること、衆生の生をそれ自体として肯定する力にほかならないことを、法然は静かに、しかし決然と告げているのだ。

生を肯定する力を阿弥陀仏のうちに見る法然——ここから生じてくるのが、念仏する衆生を一切の「罪」の意識から自由にしようとするさまざまな言葉である。天台浄土教においては「戒」を保つことが修行の前提であり、したがって往生の条件であったことは先に見たとおりであり、この当時の庶民の日常にとっても「持戒」は一種の重い心理的負荷となっていた。しかし、「有智・无智〔無智〕」も「持戒・破戒」も阿弥陀仏の本願にとってなんら関与的でないことを確信する法然は、庶民からの素朴だが切実な問いに対して、繰り返しつぎのように説く——

一、戒をたもちて、のち精進いくかゝし候。

答、いくかも御心。(12)

一、さけのむは、つみにて候か。

答、まことにはのむべくもなけれども、この世のならひ。

一、魚・鳥・鹿は、かはり候か。

答、たゞおなじ。(13)

戒を守ると心に決めたのち、何日精進したらよいでしょうか——何日でもお気持ちのままに。酒を飲むことは罪になるでしょうか——本当は飲むべきではありませんが、それもこの世の習いでしょう。魚や鳥や鹿の肉は別でしょうか——同じことです……。ここには、「持戒」＝善、「破戒」＝悪という単純だが、それだけに拘束力の強い観念形態のもとにある事象をすべて、阿弥陀仏の本願力の前では些事であるとする一貫した姿勢がある。その姿勢は、「一百四十五箇条問答」を締め括る一種の結語において明確に表現されている——

一、つねに悪をとゞめ、善をつくるべき事をおもはへて念仏申候はんと、たゞ本願をたのむばかりにて、念仏を申候はんと、いづれかよく候べき。

答、廃悪修善は、諸仏の通戒なり。しかれども、当時のわれらは、みなそれにはそむきたる身どもなれば、たゞひとへに別意弘願のむねをふかく信じて、名号をとなへさせ給はんにすぎ候まじ。有智・无智、持戒・破戒をきらはず、阿弥陀ほとけは来迎し給事にて候也。御心え候へ。(14)

つねに悪をなさず善を行なうよう心がけて念仏を称えるのと、ただ阿弥陀仏の本願を信じて念仏を称えるのと、どちらがよいのでしょうか――悪を廃し善を修すことは、さまざまな仏に共通する戒めです。しかしながら、現在の私たちは皆、その教えに背いている身である以上、ただひとえに阿弥陀仏のお考えによる広大な誓願の旨を深く信じ、名号を称えさせていただいているにすぎないのです。有智・無智、持戒・破戒を区別することなしに、阿弥陀仏は来迎してくださるのです。このことをお心得くださいますように……。

源信によって体系化された浄土信仰の平安的パラダイムから、それを構成する諸要素を「末法」の衆生の視点からあらためて検討し、それが課してくる諸条件の一つひとつを解除すること。精神的・肉体的に選ばれた者たち、社会の階層秩序の上位にある者たちだけに与えられていた浄土への道を、「一切衆生」のために築き直し開き直すこと。とりわけ日常の営みの中で「破戒」せざるを得ないがゆえに「罪」の意識に苛まれ、往生という救いから最も遠く排除されていると感じている庶民をその否定的な自己意識から解放し、その生のただなかの念仏、「平生の時」の念仏のうちにこそ往生の契機があると説き示すこと。すなわち、阿弥陀仏の力は衆生の生をまるごと肯定しつつ「摂取」するものであることを告げ知らせること――法然の浄土をめぐる教えの核心は、ここにある。

そして、この点において、法然の思考は、ニーチェのそれにかぎりなく接近する。すなわち、キリスト教における「禁欲主義的僧侶」を、つまり「罪」と「負い目」の意識を人々に植えつけつつ「病める畜群」[15]として人々を教導する「奇妙な牧者」を激烈に批判した、あのニーチェの思考に。『道徳の系譜』の中で「禁欲主義的僧侶があえてこころみた基本の弾奏法、それは〔…〕負い目の感情を利用するということであった」と書いたあと、ニーチェは続ける――

この感情の由来については前論文〔『道徳の系譜』第二論文「〈負い目〉〈良心の疚しさ〉、およびその類いのことども」〕において簡単に触れておいた――ただ動物心理の一片にほかならないものとして。そのばあいに負い目の感情はいわば生地の状態のままであらわれた。それが負い目の感情を扱ううえではまさに天成の芸術家である僧侶の手にかかってはじめて、その形を得るにいたったのだ――おお、それにしても何という形であることか！〈罪〉なるもの――こういわれるものはじつは動物的な〈良心の疚しさ〉を僧侶流に解釈し変えたものだが――は、病める魂の歴史におけるこれまでの最大の事件であった。そこには宗教的解釈のもっとも危険な、もっとも宿業的な芸当が示されている[16]。

そしてニーチェによれば、この〈罪〉の意識に目覚めさせられ、それを負わされた人間は、「彼の魔術師たる禁欲主義的僧侶」に助言を求め、その結果、自分の「苦悩の〈原因〉について最初の暗示」を受けることになる——「「おまえは、その苦悩の原因を、おまえ自身のうちに、負い目のうちに、過去の一事情のうちに求めるがよい、おまえの苦悩そのものを一つの刑罰状態と心得るがよい」、と[17]」。

キリスト教における僧侶の役割とは、なによりもまず、人間存在に「原罪」が刻印されていることを気づかせ、人間の生がそのはじめから「負債」を帯びていること、それゆえその「債務感情」をぬぐい去るべく「悔い改める」ことが必要だと諭すことにある。そこには、事のはじまりに否定性があり、その否定性をさらに内面化することがあたかも不可避であるかのように見なさせる遠近法的倒錯の操作がある。すべて能動的なるもの、すべて肯定的なるものが反動的諸力のもとで変質し、支配される世界——それがニーチェの批判する「病める畜群」の世界である。

源信が構築した浄土信仰のパラダイムは、実のところ、ここでニーチェの批判の対象となっているキリスト教の世界と構造的に同一のものである。『往生要集』において精密に描き直された「六道輪廻」の世界観、とりわけその罪業によって堕ちる「地獄」の鮮烈なイメージの流布は、衆生の生を前世から否定性を帯びたものとし、かつ、来世においても「苦」を受けることを不可避と感じさせる点で、「罪」の意識の内面化を強いるものにほかならなかった。そして源信は、まさにその「罪」の意識ないし「負い目の感情」を「利用」することによって、浄土を希求する心性を同時代の人々に拡大させていったと言える。

源信的浄土観と往生概念に根本的な異議を申し立てる法然は、したがって、平安末期に出現した一人のニーチェ主義者、ニーチェの誕生にはるかに先んじて出現したニーチェ主義者であったということになるだろう。法然の思考を貫いているのは、ニーチェにおける力能の意志に正確に比すべき念仏の意志であり、その強靭なはたらきのもとにおかれるとき、浄土ははるか彼岸の超越的な場であることをやめ、念仏は来世への空虚な祈りであることをやめる。法然の称名念仏は、そのような超越性とは無縁な力能、衆生の生を今－ここで留保なく肯定する力能そのものであり、阿弥陀仏をそのつど来迎せしめ、したがって浄土を称名の声とともにそのつど生成させる、そんな行ないなのである。法然、この念仏の意志の人……。

この意志の拓く新たな浄土は、これ以後、どのような生成と変化を続けていき、誰をどのように迎え入れることになるのか。そこにはどのような新たな思考と歴史が待っており、どのような認識論の変革が起きるのか。私たちはその現場を、もう一人の強力な念仏者、親鸞とともに確かめることにしよう。

（二）阿弥陀仏の力——親鸞における信・廻向・往生

親鸞が名実ともに法然の直弟子であり、法然の教えの最も正統かつ最も忠実な継承者であったことに異論を差しはさむ余地はない。そのことは『教行信証』「化身土巻」のいわゆる「後序」を一読すれば明らかだ。親鸞はそこで「建永の法難」（一二〇六〔建永元〕年）によって法然と同時に流罪に処せられたことを想起しつつ、それを機に「僧にあらず俗にあらず」という立場をとるにいたったと書くと同時に、師から写筆を許された『選択本願念仏集』についてこう記している――「真宗の簡要、念仏の奥義、これに摂在《しょうざい》せり。見るもの諭《さと》り易し。まことにこれ希有最勝の華文《かもん》、無上甚深《じんじん》の宝典《ほうでん》なり」[18]。

しかし、そのことと、親鸞がその独自の受容と解釈によって師たる法然の教えに別種の射程をもたらし、新たな浄土観と往生概念を拓いたことは両立する事実である。それはいかなる意味においてか。

親鸞もまた、ただ称名念仏のみを専一に選び取り、往生のための唯一の行とした。『教行信証』「行巻」の冒頭で「無碍光《むげこう》如来〔＝なにものにも遮られることのない光を放つ阿弥陀如来〕の名《みな》を称する」ことは「もろもろの善法《ぜんぼう》を摂し、もろもろの徳本を具せ」る「大行」[19]であると告げたあとで、親鸞はつぎのように書く――

しかれば、名《みな》を称するに、よく衆生の一切の無明《むみょう》を破し、よく衆生の一切の志願を満《み》てたまふ。称名はすなわちこれ最勝真妙の正業《しょうごう》なり。正業はすなわちこれ念仏なり[20]。

念仏が「易行」であり、万人に開かれているがゆえにこれを選び取ると宣言した法然からのわずかな差異がここにすでにある。親鸞にとって称名念仏は、あらゆる機根の衆生に可能な易行であるがゆえに優れているというよりも、むしろ、さまざまな「善法」を包摂し、さまざまな「徳本」＝功徳をそなえている「大行」であり、それゆえにそれだけで「衆生の一切の無明」を破ることができる「最勝真妙の正業」なのである。

そのことを言ったうえで、だからそのような「大行」にして「正業」たる念仏を、衆生はみずからの意志で能動的・積極的に実践すべきだと、つぎに親鸞は説くのか。いや、そうではない。親鸞の独自性の第一は、この称名という行が、阿弥陀仏から衆生に与えられるものだと考える点にある。同じ「行巻」の少し先のところで善導の『観経疏』「玄義分」や『観念法門《かんねんぼうもん》』『般舟讃《はんじゅさん》』から複数の文を引用（「またいはく「弘願《ぐがん》といふは『大経』の説のごとし。一切善悪の凡夫、生ずることを得るは、みな阿弥陀仏の大願業力に乗じて、増上縁とせざるはなし」と」――「またいはく「南無といふは、すなはちこれ帰命なり、またこれ発願廻向の義なり。阿弥陀仏といふは、すなはちこれその行なり。この義をもってのゆゑに、必ず往生を得」と」[21]）したあとで、親鸞はつぎのように書く――

しかれば、「南無」の言《ごん》は帰命《きみよう》なり。「帰」の言は、至《し》なり、また帰説《きえつ》なり、説の字は、悦の音《こえ》なり。また帰説《きさい》なり、説の字は、税《さい》の音《こえ》なり。悦税《えつさい》二つの音は告《つぐる》なり、述《のぶる》なり、人の意《こころ》を宣《せん》述《じゅつ》するなり。「命」の言は、業なり、招引《まねきひく》なり、使なり、教《きょう》なり、道なり、信なり、計《はからう》なり、召《めす》なり。ここをもつて、「帰命」は本願招喚《ほんがんしょうかん》の勅命なり。「発願廻向」といふは、如来すでに発

願して、衆生の行を廻施したまふの心《しん》なり。(22)

あきらかに知んぬ、これ凡聖自力《ぼんしょうじりき》の行にあらず。ゆゑに不廻向の行と名づくるなり。大小の聖人・重軽《じゅうきょう》の悪人、みな同じく斉《ひと》しく選択《せんじゃく》の大宝海に帰して、念仏成仏すべし。(23)

一般的通念からすれば、どんな宗教であれ、それが教義に含む修行、信者が修すべき行は、信者の意志によって能動的になされる活動である。信者はみずからが救われるために、あるいはみずからの悟りを求めて、程度の差はあれ自発的に行を修す――それが常識であるだろう。だが、親鸞はその常識を覆す。読まれるように、親鸞はまず、今日一般に行者が「帰依」することを意味する「南無」を善導にそくして「帰命」の意であるとしたうえで、「帰」と「命」にそれぞれ釈義を加える。このうち「帰説」という漢語を親鸞は「きえつ」と「きさい」の二つに読みかつその音を聴き、「悦税《えっさい》」が「人の意を宣述」することだと言う。他方、「命」については「まねきひく」「はからう」であると語義を開く。それゆえに、「帰命」とはそれだけで阿弥陀仏の本願が衆生に喚《よ》びかけ招くはからいであり、その「勅命」、すなわち仰《おお》せられる言葉なのである、と親鸞は断言する。そしてそれゆえに、「発願廻向」もまた、衆生が発心して廻向するのではなく、阿弥陀仏が願をおこして衆生にその行を「廻施したまふ」ことなのである。すなわち、衆生はみずからが修すべき行そのものを、ただ阿弥陀仏から施され、納め取ることができるのみなのだ。そのとき、行は凡夫であれ聖者であれ「自力」で修す行ではなくなり、「不廻向の行」、すなわち行者の側から廻向するのではないこと、行者の側からは不可能な廻向となる。だが、そのような阿弥陀仏のはからいを施されることこそが、大乗・小乗の聖者も重き罪・軽き罪の悪人も救い摂られる「大宝海」に帰入する念仏往生の道なのである。

「南無」の一句を軸に行なわれるこの転回——ここにすでに法然から親鸞への「他力」概念の徹底化がある。だが、親鸞における行が「不廻向の行」、すなわちまったき他力の行であるとしても、その行を可能にするのは阿弥陀仏への信仰であるはずだ。つまり、阿弥陀仏の「廻施したまう」「行」を受け取るからには、前提として衆生の側にその施しの源たる阿弥陀仏への信仰がなければならない。施しの源への信なくしてどうして施しを受け取ることができようか——私たちの常識はそう問いかける。しかし、ここでもまた親鸞は驚くべき転回を引き起こす。『教行信証』の続く「信巻」はつぎのように始まっている——

つつしんで往相の廻向を案ずるに、大信有り。

〔…〕

この心《しん》すなわちこれ念仏往生の願より出《い》でたり。この大願を選択本願《せんじゃくほんがん》と名づく、また本願三心の願と名づく、また至心信楽《ししんしんぎょう》の願と名づく、また往相信心の願と名づくべきなり。

しかるに常没《じょうもつ》の凡愚、流転の群生《ぐんじょう》、無上妙果の成《じょう》じがたきにあらず、真実の信楽《しんぎょう》まことに獲ること難《かた》し。なにをもってのゆゑに、いまし如来の加威力《かいりき》によるがゆゑなり、博《ひろ》く大悲広慧の力によるがゆゑなり。たまたま浄信を獲ば、この心顛倒《しんてんどう》せず、この心虚偽《こぎ》ならず。ここをもつ

て極悪深重《じんじゅう》の衆生、大慶喜心《だいきょうき》を得、もろもろの聖尊《しょうそん》の重愛《じゅうあい》を獲るなり。(24)

「大信」＝「大信心」とは、「長生《ちょうせい》不死の神方《しんぽう》」＝生死を超えた命を得る不思議な法であり、「欣《ごん》浄厭穢《じょうえんね》の妙術」＝浄土を願い穢土を厭う妙なる術《すべ》であり、「選択廻向の直心《じきしん》」＝阿弥陀仏が選び取り廻向してくださる疑いのない真っすぐな心、すなわち「利他深広の信楽」＝他力によって与えられる深く広い信心のことだが、その「真実の信楽」は、つねに迷いの海に沈んでいる凡夫にとって獲得することが実に難しい。なぜなら、それを獲ることは、阿弥陀如来が衆生のために加える優れた力によるものであり、その広く大いなる慈悲にあふれた智慧の力によるほかないものであるからだ。しかし、「たまたま」清浄なる信を獲ることができれば、その信心は真如に背かず、いつわりのないものである。それゆえに深く重い悪を犯した衆生も、大きな喜びの心を得て、諸々の聖なる仏の篤い慈愛を獲ることになるのである——そう親鸞は説き示している。

ここには「信」が、「行」がそうであったのとまったく同様に、衆生の側が起こす心なのではなく、阿弥陀仏の「加威力」と「大悲広慧の力」が与えるもの、すなわち阿弥陀仏が廻施するものであるという論理がはっきりと打ち出されている。凡夫にとって困難なのは「無上妙果」を「成」ずることではない、すなわち、善根功徳を積んでこのうえなき仏果たる悟りを得ることではない。それ以前に、そもそも「真実の信楽」をそなえることが凡夫にはできないのであり、それゆえに阿弥陀仏は「信」という前提そのものを衆生に与えてくださる。そして、その阿弥陀仏のはたらきかけによって衆生が信心を獲るのは「たまたま」だと親鸞は言うが、ここで誤解してはならないのは、この副詞の意味が現代語に言う「偶」然ではないという点である。そうではなく、親鸞はこの箇所で「遇」という一文字に「タマタマ」と訓読を書き添えているのだが、これは「縁によってこそ必然的に起こる出遭い」、阿弥陀仏による「接遇＝迎え入れ」という意味に解すべきである。すなわち、阿弥陀仏による歓待によって施される心――それこそが「真実の信楽」であり「浄信」なのである。

『教行信証』「信巻」には、随所にこの廻施されるものとしての「信」についての記述が読まれる――

おほよそ大信海を案ずれば、貴賤緇素《しそ》を簡《えら》ばず、男女《なんにょ》老少をいはず、造罪の多少を問はず、修行の久近《くごん》を論ぜず、行にあらず善にあらず、頓《とん》にあらず漸《ぜん》にあらず、定《じょう》にあらず散《さん》にあらず、正観にあらず邪観にあらず、有念《うねん》にあらず無念にあらず、尋常にあらず臨終にあらず、多念にあらず一念にあらず、ただこれ不可思議不可称不可説の信楽なり。たとへば阿伽陀薬《あかだやく》のよく一切の毒を滅するがごとし。如来誓願の薬はよく智愚の毒を滅するなり。[25]

「信心」といふは、すなはち本願力廻向の信心なり。[26]

しかれば、もしは行、もしは信、一事として阿弥陀如来の清浄願心の廻向成就したまふところにあらざることあることなし。因なくして他の因のあるにはあらざるなりと、知るべし。[27]

阿弥陀仏が廻施してくださる海のごとき大いなる他力の信について考えてみれば、それは貴賤も僧俗も区別せず、衆生のいかなる属性も問わず、修行の期間もその方法もその正邪も問題にせず、平生か臨終か、多念に励むか一念のみか等々の一切の条件を考慮することもないのであり、思量することも説き明かすことも称《たた》え尽くすこともできない、そんな信楽なのである。如来の誓願は、自力のはからいにすぎない智慧や愚痴の毒も滅するのだから——第一の引用はそう述べている。そして、第二の引用の鮮烈な断言に続いて、第三の引用がここまで私たちが見てきた論理を集約している。曰く、往生のための「行」も、往生のための「信」も、阿弥陀仏の清浄なる願心からの廻向が成就した以外のものではない。これこそが往生を可能にする因であり、それなくして他に因があるのではない。このことをよく知るべきである、と。

ここには、法然が善導の解釈をとおして決定的に概念形成した「他力」の究極化がある。法然もむろん「他力の念仏」のみが末法の衆生を救うただ一つの道だと確言していた。たとえば、法然にはつぎの問答がある——

問ていはく、称名念仏申す人は、みな往生すべしや。

答ていはく、他力の念仏は往生すべし。自力の念仏はまたく往生すべからず。

問ていはく、その他力の様いかむ。

答ていはく、たゞひとすぢにわが身の善悪をかへり見ず、決定《けつじょう》往生せんとおもひて申すを、他力の念仏といふ。(28)

これと同じ論理は先に引いた「浄土宗略抄」にも見出される――「心の善悪をもかへり見ず、つみの軽重をも沙汰せず、たゞ口に南無阿弥陀仏と申せば、仏のちかひによりて、かならず往生するぞと決定の心をおこすべき也。その決定の心によりて、往生の業はさだまる也(29)」。ここで法然は、「自力の念仏」を完全に排除している点ですでに親鸞と同じことを言っているように見える。「わが身」の「心」の「善悪」や罪業の「軽重」は往生にとってなんら関与的ではない。阿弥陀仏の本願によって衆生の往生はすでに「決定」しているのだから、衆生は「たゞひとすぢに」「たゞ口に」念仏を称えればよいのだ、と。しかし、両者のあいだに、きわめて微細だがはっきりした差異がある点に注意しよう。法然においてはなお、「決定往生せんとおもひて」念仏することが、「決定の心をおこすべき」ことが必要だと説かれている。つまり、往生したいというその切なる思いないし心をいだくことが、「他力の念仏」にとっても最低限必要だと法然は見なしているわけである。ところがそれに対して親鸞はどうか。親鸞においては衆生の往生への意志が、あるいは衆生が「心をおこす」ことが、それ自体阿弥陀仏の「加威力」「大悲広慧の力」にゆだねられている。親鸞において究極化された「他力」においては、「信」も「行」も「阿弥陀如来の清浄願心の廻向」が「成就」

した賜物であり、衆生にできるのはただ、その贈与を受け取り納めることだけなのである。

そして、この贈与を受け取る瞬間になにが起こるか。親鸞はつぎのように書いている――

それ真実の信楽を案ずるに、信楽に一念あり。一念とはこれ信楽開発《かいほつ》の時剋《じこく》の極促《ごくそく》を顕《あらわ》し、広大難思《なんじ》の慶心《きょうしん》を彰《あらわ》すなり。(30)

阿弥陀仏が「真実信楽」を衆生に廻施する。それを受け取り納めるとき「信」が「開」き「発《お》」こる。その「時剋」、その一瞬の極まりを顕すのが「一念」であり、それは広大で思いはかり得ぬ慶びの心を彰すものだ――ここには、親鸞がいかに衆生の生を重んじたか、いかに衆生の生きてある時間における救済を重んじたかが凝縮して表現されている。

親鸞以前の浄土教においては、特に源信の構築した平安的浄土観においては、衆生が現世において「慶心」を得ることはほとんど考慮されておらず、衆生が「楽」を、すなわち心身の悦びを授かることができるのは、ただ浄土に往生した後にのみだと語られてきた。事実、『往生要集』は「大文第一　厭離穢土」において地獄の凄惨極まる「苦」を詳述してから、続く「大文第二　欣求浄土」において、浄土への往生の瞬間からはじめて、浄土に生まれた後に衆生が受けることのできる「十の楽」を列挙し、多くのページを割いて描き出している。(31) それらの至上の「楽」はあくまでも穢土を去ったあとで、すなわち死後に来世で享受することが約束されるだけのものとして位置づけられている。「信」の「獲得《ぎゃくとく》」の一瞬に衆生に比較すべきもののない「慶心」が与えられると説く親鸞は、そのまったき対極にいる。

そして、かの「現生正定聚《げんしょうしょうじょうじゅ》」という概念が錬成されたのが、衆生の生そのものを重視するこの立場からであることは言うまでもない。「正定聚」とはなにか。それは、〈浄土に往生することが正しく定まっている人〉を指し、それ自体は古くからある浄土教における枢要な概念の一つである。『無量寿経』「四十八願」のうちの第十一願「たといわれ仏《ほとけ》を得たらんに、国中の人・天、定聚《じょうじゅ》に住し、必ず滅度に至らずんば、正覚《しょうがく》を取らじ」[32]に読まれるとおり、法蔵菩薩はみずからの成仏の条件の一つとして「国中の人・天」が「〔正〕定聚に住」し「滅度に至」る＝生死を「滅」した彼岸に「度《わた》」ることを挙げている。それゆえ、この概念は、たとえば龍樹が『十住毘婆沙論』「易行品」で取りあげており、曇鸞は『往生論註』の中で龍樹を援用しながらあらためて解釈し直している。そして親鸞はと言えば、その系譜を受け継ぎ、両者を参照しつつ『教行信証』中でも言及しており、「証巻」の冒頭部分には、まさに「煩悩成就の凡夫、生死罪濁の群萌《ぐんもう》、往相廻向の心行を獲れば、即の時に大乗正定聚の数に入るなり」[33]という確言が読まれる。だがしかし、親鸞はこの概念をただ伝統にしたがって確認しているだけではない。「往相廻向の心行を獲れば」、すなわち、阿弥陀仏の廻施してくださる信心と行を納め取れば、という一句にこめた思考、『教行信証』においてはいわば抑制的であったこの思考を、親鸞は別のさまざまな注釈書や書簡において最大限に拡張するのである。『一念多念文意』にはつぎのようなくだりが――

「一念」といふは信心をうるときのきはまりをあらはすことばなり。〔…〕真実信心をうれば、すなはち、無碍《むげ》光仏《こうぶつ》の御《おん》こころのうちに摂取して捨てたまはざるなり。摂はをさめたまふ、取は、むかへとると申すなり。をさめとりたまふとき、すなはち、とき・日をもへだてず、正定聚の位につき定まるを、「往生を得」とはのたまへるなり。(14)

ここで親鸞は、さきに『教行信証』「信巻」に刻みつけた「信楽の一念」を、「信楽開発の時剋の極促」を平易に説き直している。そして同時になにが言われているか。それは「真実信心」を得れば、衆生はそれだけで阿弥陀仏の心のうちに「摂」め「取」られるということであり、かつ、そのとき衆生は瞬時に「正定聚」の位につくこと、そしてそのことがただちに「往生」を得るにほかならないこと――このことである。

ここには「往生」概念のきわめて大きな転回がある。そしてその転回のうえで親鸞は、さらに微細だが決定的な跳躍を行なっているように見える。伝統的解釈において「正定聚」の位につくとは、衆生が発心して念仏し、死後その功徳によって西方極楽浄土へ往生し、浄土において菩薩となって仏になるべく修行を続けることになるが、その際成仏が約束された菩薩の地位から決して退くことのない「不退転」の位につくことを意味していた。『無量寿経』における「四十八願」のうち第四十七願・第四十八願にはつぎの文言がある――「たといわれ仏を得たらんに、他方の国土の諸々の菩薩衆、わが名字を聞きて、すなわち不退転に至ることを得ずんば、正覚を取らじ」――「たといわれ仏を得たらんに、他方の国土の諸々の菩薩衆、わが名字を聞きて、すなわち第一、第二、第三の法忍《ぼうにん》に至るを得ず、諸仏の法において、すなわち不退転を得ること能わずんば、正覚を取らじ」(15)。

つまり、繰り返せば、念仏者は死後、浄土に生まれたのちにまず菩薩となり、そこから仏となるべく修行を続けるというのが浄土教の一般的教えであり、その菩薩の位を確かに得た者たちが「正定聚」と呼ばれていたわけである。しかし、右に引いたくだりで事はどう表現されているか。そこでは衆生における「真実信心」の獲得がそのまま阿弥陀仏に「摂取」されることであり、「摂取」されるや「とき・日をへだてず」衆生は「正定聚」の位につき、そのことこそが「往生」を得ることなのだ、と言われていた。しかも、親鸞の教えにあっては、その端緒における「真実信心」も阿弥陀仏が廻施するものにほかならないのである。

すでに明らかだろう。ここでは〈死〉がまったく問題にされていない。人間存在の不可避の運命であり、究極の脅威にして万人の条件、それゆえにこそ源信に代表される浄土観と往生概念の大前提でありその体系を支えていた〈死〉という契機が、ここでは完全に後景に退いている。それはまるで、阿弥陀仏の力の前では、人間存在の有限性そのものが問題として消去されるかのようだ。

事実、親鸞は、源信が、あるいは浄土の平安的パラダイムがあれほどまでに重きをおき焦点化した臨終という場面を、まさしく問題として成立し得ないものとして斥け、消し去っている。善導の『観念法門』から「言摂生増上縁者　如無量寿経　四十八願説〔…〕願力摂得往生　故名摂生増上縁」という一文を引いて、親鸞はつぎのように書く――

「願力摂得往生《がんりきしょうとくおうじょう》」といふは、大願業力《だいがんごうりき》摂取して往生を得しむといへるこころなり。すでに尋常のとき信楽をえたる人といふなり、臨終のときはじめて信楽決定して摂取にあづかるものにはあらず。ひごろ、かの心光に摂護《しょうご》せられまゐらせたるゆゑに、金剛心《こんごうしん》をえたる人は正定聚に住するゆゑに、臨終のときにあらず。かねて尋常のときよりつねに摂護《しょうご》して捨てたまはざれば、摂得《しょうとく》往生と申すなり。このゆゑに「摂生《せつしょう》増上縁」となづくるなり。[16]

「すでに尋常のとき、信楽をえたる人」にとって、臨終は往生の契機ではない。日頃から阿弥陀仏の「心光」に摂《おさ》め取られ護られている人、「金剛心」を得た人は「正定聚」の位にあるがゆえに、臨終はなんら問題ではない。信楽を得た人は、阿弥陀仏の摂取不捨の「願力」によってつねにすでに往生しているのだ……。

阿弥陀仏の「本願招喚の勅命」に聴き従うこと、その「清浄願心」が廻施したまう「行」と「信」を納め取ること、その「信」獲得の一瞬に無上の悦びに貫かれ、ただちに救い摂られ、つねにすでに往生してあること――この一連の経験こそが、親鸞における浄土である。この経験の領野が人間存在の有限性を問いとして消去するものであることは、すでに言った。したがってそこに開かれるのは、ある別種の時間性であり、それを生きる私たちに特有の生の場であるだろう。

だが、その場を正確に名づけるために、そしてそこでの私たち自身の名を定義するために、私たちは新たに別の問いを立てねばならない。

註

（1）源信『往生要集（下）』石田瑞麿訳注、岩波文庫、二〇一七年、四四‐四五頁。
（2）大橋俊雄『法然全集』第三巻、春秋社、一九八九年、六九‐七〇頁。
（3）同『法然全集』第二巻、春秋社、一九八九年、一八八頁。
（4）同書、一八八‐一八九頁。
（5）守中高明『他力の哲学——赦し・ほどこし・往生』河出書房新社、二〇一九年、第一章（一）を参照されたい。
（6）「一百四十五箇条問答」、『法然全集』第三巻、前掲書、二三八頁。
（7）『真如観』の成立には諸説あり、一二〇〇年前後とするものから室町時代とするものまで大きな幅がある。一二〇〇年頃に成立したとすれば、最晩年の法然がこれを目にした可能性は排除できないが、いずれにせよ法然がここで問題にしているのは『往生要集』以来の源信流の「観察《かんざつ》の念仏」であり、別の一冊の全体を念頭に置いているとは考えられない。
（8）源信『往生要集（上）』石田瑞麿訳注、岩波文庫、二〇一七年、二三二‐二三六頁。
（9）「一百四十五箇条問答」、前掲書、二五三頁。
（10）『法然全集』第三巻、前掲書、八九頁。
（11）「念仏往生要義抄」同書、二二〇頁。
（12）「一百四十五箇条問答」、同書、二五七頁。
（13）同右、同書、二五一頁。
（14）同右、同書、二六九頁。
（15）フリードリッヒ・ニーチェ『善悪の彼岸 道徳の系譜』信太正三訳、「ニーチェ全集11」、ちくま学芸文庫、一九九三年、五三一頁。
（16）同書、五五二頁、強調原文。
（17）同書、五五三頁、同右。
（18）『浄土真宗聖典——註釈版 第二版——』浄土真宗本願寺派総合研究所編、本願寺出版社、二〇一三年、四七三頁。
（19）同書、一四一頁。
（20）同書、一四六頁。

(21) 同書、一六八－一六九頁。
(22) 同書、一七〇頁。強調引用者。ルビを一部、『真宗聖典』真宗聖典編纂委員会編、東本願寺出版、二〇一八年、一七七－一七八頁に従って、軽度に変更。
(23) 同書、一八六頁。強調引用者。
(24) 同書、二一一－二一二頁。一部改行。
(25) 同書、二四五－二四六頁。
(26) 同書、二五一頁。
(27) 同書、二二九頁。
(28) 『法然全集』第三巻、前掲書、二一二頁。
(29) 同書、八六頁。
(30) 『浄土真宗聖典――註釈版　第二版――』前掲書、二五〇頁。
(31) 源信『往生要集（上）』前掲書、九〇－一三五頁。
(32) 『浄土三部経（上）無量寿経』中村元・早島鏡生・紀野一義訳注、岩波文庫、一九九〇年、一五六頁。訳文軽度に変更。
(33) 『浄土真宗聖典――註釈版　第二版――』前掲書、三〇七頁。
(34) 同書、六七八頁。
(35) 『浄土三部経（上）無量寿経』前掲書、一六四頁。訳文軽度に変更。
(36) 『浄土真宗聖典――註釈版　第二版――』前掲書、六五七－六五八頁。

第二章　衆生とは誰か

（一）「一切衆生」という名――法然における平等、親鸞における差異の肯定

「衆生」とは誰か。サンスクリット語の《sattva》、パーリ語の《satta》を漢訳したこの語の意味するところは、最広義には「生きとし生けるもの」「一切の生物」である。仏教においては一般に六道輪廻する存在を指すが、他方、「地獄（界）」「餓鬼（界）」「畜生（界）」「阿修羅（界）」「人間（界）」「天上（界）」の六道＝六界に、「声聞《しょうもん》（界）」「縁覚《えんがく》（界）」「菩薩（界）」「仏（界）」の四つを加えた十界《じっかい》のうち「仏界」を除く九界に生きる存在を指す場合があり、さらに最高位の衆生を仏と見なすときには十界のすべての存在を指す場合もある。しかし、私たちが向き合っている中世日本仏教において「衆生」とはほぼすべて最初の語義、すなわち、六道のうちでつぎつぎに生死《しょうじ》を繰り返す存在の意で用いられていた[1]。

　この衆生という語は、しかし、中世日本浄土教の展開の中にあって、そこに担わされている意味、そこに託されている力が変化し続けており、その変遷はそれ自体一つの問いを形成する。

　まず前提として確認しておかねばならないのは、時代精神の中での法然における「衆生」概念の刷新である。法然におけるそれが、先行仏教の諸宗派そして浄土観と往生概念の平安的パラダイム

が救済の対象から排除してきた庶民を、可視化し、救済の対象として前景化させ、新たに名指すために用いられていること、すなわち、それがなんら価値中立的な語彙ではなく、新たな宗教的階級闘争を発動させるためのすぐれて政治的な備給を受けた概念であること――これは、法然の思考において一貫して見出される本質特徴である。『選択本願念仏集』の冒頭で法然は、「一切衆生悉有仏性」＝「一切の衆生には悉く仏性あり」（『涅槃経』）の一句を引いたうえで、『安楽集』の道綽による「何によってか、今に至るまでなお自ら生死《しょうじ》に輪廻して、火宅を出でざるや」〔それなのに、なぜ衆生は今まで生死を繰り返し六道輪廻して、火炎に包まれた家にも比すべき苦しみの世界から出ることができないのか(2)〕という問いを共有し、その問いに答えて言う。曰く、生死を離れるためには二種の勝れた法があるのだが、そのうち一つの聖道門の教えに拠りそれを修して悟りを得ることは、末法たる今の時代の衆生にはできない。したがって現在の衆生が入るべきは、もう一つの「浄土の一門」である、と。そして、浄土門に入ったならば、『観経疏』の善導にそくして正行《しょうぎょう》たる「一心に専ら弥陀の名号を念」ずる「称名正行」を修し、残余の行はすべて雑行《ぞうぎょう》として捨てるべきだ、と法然は言う。この選択はなぜか。これについて法然は、同じく善導の『往生礼讃』からつぎの問答を引いたうえで、こう答えている――

問うて曰く、何が故ぞ、観をなさしめずして、ただちに専ら名字を称せしむるは何の意あるや。

答えて曰く、乃《すなわ》ち衆生障り重く、境は細く、心は麁《あら》し、識《しき》颺《あが》り、神飛んで、観《かん》成就し難きによるなり。ここをもって、大聖悲憐して、ただちに専ら名字を称せよと勧めたもう。正《まさ》しく称名の易きによるが故に、相続して即ち生ず、と。

〔…〕

故に知んぬ。念仏は易きが故に一切に通ず。諸行は難きが故に諸機に通ぜず。しかれば即ち一切衆生をして平等に往生せしめんがために、難を捨て易を取りて、本願としたもうか。(3)

衆生は罪の障りが重く、その境地は狭く、心もあらく、分別認識の力も乱れ、魂も風に飛んで、仏の姿を観想することも成し難いがゆえに、釈尊はそれを憐み、もっぱら阿弥陀仏の名を称えることを勧められたのだ。称名念仏は容易なので、称え続ければ往生するのである。それゆえ知ることができた。念仏は勤め易いがゆえに万人に通ずる。その他の行は勤め難いがゆえにさまざまな機根の衆生には通じない。だからこそ、阿弥陀仏は「一切衆生をして平等に往生せしめんがために」、難行を捨て易行を選び取って本願となさったのである……。

ここには、法然がその教えを誰にむけて説いていたか、そしてその目的がなにであったかが明瞭に告げられている。みずからを含む同時代人をすべて、すでに「戒定恵の三学の器」(4)にない凡夫だと定義し、その凡夫のためにこそ称名念仏の教えがあると説くとき、法然はただたんに既存の宗教上の概念を倫理的に拡張してみせているのではない。右に引いたくだりのあとに「弥陀如来、法蔵比丘の昔、平等の慈悲に催されて、普く一切を摂せんがために、造像起塔等の諸行をもって、往生の本願としたまわず」(5)と書かれていることからも明らかなように、法然はその「平等」概念を、同時代の社会構造における被抑圧者を解放するために改めて錬成すべき概念として差し出している。すなわち、法然が目の前にしていたのは、事を浄土信仰にかぎっても、比叡山・延暦寺を頂点とする天台宗が教義を排他的に主導し、平安貴族たちがその教義に従ってまさに「造像起塔」を競い合い、その結果、僧の地位にあって修行することも富の力で寺院に寄進することによって利益《りやく》を受けることもできない庶民が、救いへの希望をまったく絶たれたまま「末法」という終末意識を生きざるを得ない、そんな社会状況であった。だから法然は、行を修すことも戒を保つこともできない庶民もまた往生できると言ったのではない。その庶民こそが往生の「機」、すなわち救済の対象であると告げたのである。たとえば、つぎのくだり——

十方ノ衆生ト云ハ、諸仏ノ教化《きょうけ》ニモレタル常没《じょうもつ》ノ衆生也。(6)

「末法ノ中ニハ持戒モナク、破戒モナシ。無戒モナシ、タヾ名字ノ比丘バカリアリ」ト、伝教大師ノ末法灯明記ニカキタマヘルウヘハ、ナニト持戒・破戒ノサタハスベキゾ。カヽルヒラ凡夫ノタメニオコシタマヘル本願ナレバトテ、イソギ〱名号ヲ称スベシト。(7)

『無量寿経』第十八願に言う「十方の衆生」とは、諸々の仏の教導化益《けやく》から漏れてしまい生死の迷いの世界に常に没している衆生のことである」——「「末法の時代には、戒を保つ者もなく、戒を破る者もいない。そもそも戒を持たない者さえもなく、ただ名ばかりの比丘〔具足戒を受けた修行僧」がいるだけである」と伝教大師が『末法灯明記』に書いておられる以上、どうして持戒・破戒をあれこれ論ずる必要があるだろうか。このようなまったくの凡夫のために誓ってくださった本願であればこそ、ともかく早く名号を称えるべきである」——法然における「衆生」とは、したがって、第一義的には社会の階層秩序の中で最底辺にいる庶民、すなわち、それまでは往生の機根としてはまったく考慮されず、それどころか、それを排除することによって浄土観と往生概念の平安的パラダイムが存立してきた、その文字どおりの被抑圧者をあらためて名指す概念であり、その効果は法然以前には、理念としては存在しながら、一度も実践的に思考されたことのない社会的「平等」の地平を称名念仏の教えを根拠として拓くことにあったと言える。だが、法然において「一切衆生」がはじめて「平等」なる存在として前景化されたのが事実だとしても、その概念にいわばいっそうリアルな内実が充塡されるには、親鸞の登場が必要であった。その親鸞は「衆生」をいかに描き出しているか。

「本師・源空〔法然上人〕は、仏教にあきらかにして、善悪の凡夫人《ぼんぷにん》を憐愍《れんみん》せしむ。真宗の教証、片州《へんしゅう》〔片隅の国＝日本〕に興す。選択本願、悪世に弘《ひろ》む(8)」——『教行信証』「行巻」の末尾近くにこう書きつける親鸞にとって、浄土往生が凡夫たる衆生に開かれていることは当然の前提であった。事実、同じ「行巻」の往生の「機」について述べる一節には、つぎのような言葉がある——

おほよそ誓願について真実の行信あり、また方便の行信あり。その真実の行の願は、諸仏称名の願なり。その真実の信の願は、至心信楽《しんぎょう》の願なり。これすなはち選択《せんじゃく》本願の行信なり。その機はすなはち一切善悪大小凡愚《ぼんぐ》なり。(9)

「浄土往生のための真実の行が誓われているのは『無量寿経』第十七願の「諸仏称名の願」であり、真実の信が誓われているのは第十八願の「至心信楽の願」である。これがすなわち法然の説いた選択本願の行と信であり、その機＝救いの対象は、善人・悪人、大乗・小乗の教えに従う者、これら一切の凡夫にして世俗の愚者である」――読まれるように、親鸞は、法然においてはじめて示された凡夫こそが称名念仏の救いの目的であるという方向性を、ここでいっそうはっきりと言語化している。称名念仏による往生の「機」、すなわち、その教えを聞き、救いにあずかる者はすべての「凡愚」にほかならないという、凡夫への救済の焦点化と積極的な価値付与がここでは行なわれているわけである。そしてそのことは、つぎのくだりにおいてさらに鮮明になる――

一切善悪の凡夫人、如来の弘誓願《ぐぜいがん》を聞信《もんしん》すれば、仏《ぶつ》、広大勝解《しょうげ》のひととのたまへり。この人を分陀利華《ふんだりけ》と名づく。(10)

「すべて善人も悪人も、どんな凡夫であろうとも、阿弥陀仏の弘大な誓いたる本願を聞き信ずれば、仏はその人を大いなる教えを正しく理解した人だとおっしゃり、白蓮の花のごとき汚れなき人と名づける」――ここにはまさに、衆生は誰であれ阿弥陀仏の力によってただちに「分陀利華」と名づけられ得るという論理、すなわち、衆生こそが阿弥陀仏の救済の第一の目的であり、最高度の価値の体現者たり得るという論理が強く打ち出されている。

だが、ここでの親鸞の筆致は、いまだ抑制的である。『教行信証』という理論書、浄土教の夥しい経典から多数の論点を抽出・引用しつつ、独自の解釈をほどこし、他力の教えの行と信の真実を証することへと目的化されたこの一書において、親鸞の言葉はつねに凝縮され、ときとして極度に切り詰められている。しかし他方、門弟たちにむけて書かれた教義の解説のための文書や消息＝書簡においては、親鸞ははるかに平明かつ自由な筆の運びを見せる。凡夫こそが浄土往生の機であるという親鸞の教えの核をなす論理についても、それが具体化され例証されているのは別の場所においてである。その最も鮮烈で名高い――正当に名高い――くだりは、『唯信鈔文意《ゆいしんしょうもんい》』に見出される。親鸞は、法照禅師の『五会法事讃』から「彼仏因中立弘誓《ひぶついんちゅうりゅうぐぜい》」に始まり「能令瓦礫変成金《のうりょうがりやくへんじょうこん》」で結ばれる八つの句を引用したうえで――この偈文は『選択本願念仏集』の中にすでに引用されているが、法然は引用のみにとどめていた[11]――、その一つひとつに釈義を加え、パラフレーズしている。その最後の三句をめぐっては、こう書かれている――

「不簡破戒罪根深《ふけんはかいざいこんじん》」といふは、「破戒」は、上《かみ》にあらはすところのよろづの道俗の戒品《かいほん》をうけてやぶりすてたるもの、これらをきらはずとなり。「罪根深」といふは、十悪・五逆の悪人、謗法《ほうぼう》・闡提《せんだい》の罪人、おほよそ善根《ぜんごん》すくなきもの、悪業《あくごう》おほきもの、善心《ぜんしん》あさきもの、悪心ふかきもの、かやうのあさましきさまざまの罪ふかきひとを「深」といふ、ふかしといふことばなり。すべてよきひとあしきひと、たふときひといやしきひとを、無碍光仏《むげこうぶつ》の御ちかひにはきらはずえらばれず、これをみちびきたまふをさきとしむねとするなり。〔…〕「但使廻心多念仏《たんしえしんたねんぶつ》」といふは、「但使廻心《えしん》」はひとへに廻心せしめよといふことばなり。「廻心」といふは自力《じりき》の心《しん》をひるがへし、すつるをいふなり。〔…〕自力のこころをすつといふは、やうやうさまざまの大小の聖人・善悪の凡夫の、みづからが身をよしとおもふこころをすて、身をたのまず、あしきこころをかへりみず、ひとすぢに具縛《ぐばく》の凡愚・屠沽《とこ》の下類《げるい》、無碍光仏の不可思議の本願、広大智慧の名号を信楽すれば、煩悩を具足しながら無上大涅槃にいたるなり。具縛はよろづの煩悩にしばられたるわれらなり。煩は身をわづらはす、悩はこころをなやますといふ。屠はよろずのいきたるものをころし、ほふるものなり、これはれふし〔猟師〕といふものなり。沽はよろづのものをうりかふものなり、これはあき人なり。これらを下類といふなり。

「能令瓦礫変成金《のうりようがりやくへんじようこん》」といふは、「能」はよくといふ。「令」はせしむといふ。「瓦」はかはらといふ。「礫」はつぶてといふ。「変成金」は、「変成」はかへなすといふ。「金」はこがねといふ。かはら・つぶてをこがねにかへなさしめんがごとしとたとへたまへるなり。れふし・あき人、さまざまのものはみな、いし・かはら・つぶてのごとくなるわれらなり。如来の御ちかひをふたごころなく信楽すれば、摂取のひかりのなかにをさめとられまゐらせて、かならず大涅槃のさとりをひらかしめたまふは、すなはちれふし・あき人などは、いし・かはら・つぶてなんどをよくこがねとなさしめんがごとしとたとへたまへるなり[12]。

親鸞における浄土の教えのなんたるか、そして浄土との関係における衆生のなんたるかが、このうえなく見事に血肉化されているくだりだ。その本質的な論点の第一は、「不簡破戒罪根深」に読まれるとおり、阿弥陀仏の包摂力は無限かつ無条件であり、「破戒」の者も、無間地獄に堕ちるような「十悪・五逆」の罪を犯した者も、仏法を謗り世俗の欲望にまみれて成仏の縁を欠く者も、それらすべての「罪ふかきひと」を阿弥陀仏の誓願は差別せず、むしろそれらの者たちをこそ、救いにおいて優先し中心とする（「さきとし、むねとするなり」）、ということにある。これがのちに「悪人正機説」として広く知られる親鸞の教えの最大の特徴であることは言うまでもない。

だが、第二の「但使廻心多念仏」において、親鸞の往生観と衆生概念はいっそうの深まりを見せる。阿弥陀仏の他力という力、その無限の救済力を前にするとき、衆生に必要なのは「自力のこころ」を、つまり、我が身を「善し」と思う心を捨て去ること、そして「あしきこころをかへりみず」に「具縛の凡夫」のままで、「屠沽の下類」とともに、すなわち、猟師や商人という殺生や売り買いを生業とするがゆえに差別されてきた人々とともに、ただ「ひとすぢ」に「名号を信楽する」ことなのだ、と親鸞は言う。そうすれば、煩悩に縛られた「われら」も皆、「無上大涅槃」の悟りを得ることができるのだ、と。

そして第三の「能令瓦礫変成金」の釈義において、事は驚くべき仕方で表現されるにいたる。ここで親鸞は、みずからを含む衆生とは、「れふし」や「あき人」や「さまざまのもの」からなる「みな、いし・かはら・つぶてのごとくなるわれら」にほかならないと断言したうえで、阿弥陀仏の

「摂取のひかり」は、その「いし・かはら・つぶて」のごとき「われら」をこそ「こがね」に「かへなさしめ」る、つまりは黄金へと「変成《へんじょう》」させたまうのだ、と告げる。これはすなわち、社会の最下層に生きる被差別者とみずからが同じ一つの「われら」であり、そのような「われら」のあいだの紐帯を阿弥陀仏の光のもとで結ぶことができたとき、衆生がそのまま黄金と化すということだ。

　私たちは、先に別の場所でこの出来事の全体を、阿弥陀仏という他者のはたらきかけの触発する力によって、そしてその名を称する念仏という行の触発されつつ触発する力によって、親鸞の側と「屠沽の下類」の側の双方に脱領土化の運動が起きること、阿弥陀仏が廻施する信と行にしたがって称名念仏というプロセスの中にみずからと衆生をともに投げ込むことをとおして、マジョリティからの離脱の運動とマイノリティから抜け出す運動が惹き起こされ、「分離不可能で非対称的な生成変化のブロック」「同盟のブロック」（ジル・ドゥルーズ＆フェリックス・ガタリ）が形成されること、その結果として僧でも俗でもない新たな人民という階級が誕生することであると分析し、位置づけた[13]。その分析の適否は広く仏教界の判断にゆだねるが、ここではさらに別の角度へ読解を開いてみたい。それは人間存在の差異そのものを、すなわち、存在の即自的で無媒介的な差異を肯定する親鸞という視点である。

　私たちの思考の習慣は、人間存在のあいだの差異を語るとき、つねにその差異に先行する同一性を想定し措定する。たとえば、常識はこう考えるだろう。人間は類的存在としての一般性を、一般的同一性を有しており、その一般的同一性のもとに、個々の存在はそれぞれが特殊性として包摂される、と。つまり、個々の存在は、先行する同一性を共通に分け持つ特殊性であり、その同一性によって共約される特殊な存在であると見なされるわけだ。そして、人間存在における「平等」が語られるのもまた、この同一性から発してであることがつねである。すなわち、人間は誰もが人類という類的存在としての同一性を分有しており、個々人は同じ類に包摂される特殊性であるがゆえに、たがいに共約可能であり、したがってたがいに平等な存在である、と。普遍的人権という理念は、まさにこの意味における同一性に準拠しており、その先行する同一性のもとで、たがいの差異を認め合い、たがいの差異を尊重し保証し合うこと――これが社会の良識と呼ばれる思考であり、その倫理観であるだろう。

だが、この思考は適切か。人間存在の差異を認めると言いつつ、すなわち、個々の存在の違いを認め、それぞれの価値を尊重すると言いつつ、しかし、この思考の習慣はなにかを取り逃がしてはいないか。それどころか、良識の外見のもとに、この思考はなにか重大な欺瞞を隠してはいないだろうか。

「同一性は最初のものではないこと、それは原理として存在しはするが、ただし第二の原理として存在すること」、「同一性は〈異なるもの〉のまわりを回って」おり、それこそが「同一性としてすでに措定された概念一般の支配のもと」に差異を置くのではなく、「差異にその固有の概念の可能性を開くコペルニクス的転回の本性」なのだと述べたあとで、ジル・ドゥルーズはニーチェにおける「永劫回帰」をめぐって、つぎのように書いている――

永劫回帰は〈同一的なるもの〉の回帰を意味し得ない。というのも、それが前提としているのは反対に、あらゆる先行的な同一性がそこでは廃絶され解消されるような一つの世界（力能の意志の世界）であるからだ。還帰することは存在することである、しかしそれはもっぱら生成変化の存在なのである。〔…〕還帰してくるもの、それは〈全体〉や〈同じもの〉あるいは先行的な同一性一般ではない。ましてやそれは、全体の一部としての小さなものあるいは大きなものではないし、同じものの諸要素でもない。ただ極限的諸形態のみが還帰してくるのだ——小さなものであれ大きなものであれ、限界のうちへとみずからを展開し、力能の果てまで進みゆき、たがいにたがいのうちへ変容し合い移行し合う、そんな諸形態のみが。ただ極限的なるもの、過剰なるもの、他者のうちへ移行して同一的になるものだけが、還帰してくるのである。

〔…〕永劫回帰が、還帰することが表現しているのは、あらゆるメタモルフォーゼに共通する存在であり、すべて極限的なるものの、すなわち、実在化されたものとしてのあらゆる力能の度合いの尺度であり共通する存在である。それは、すべて不等なるものの等しい‐存在であり、すべてみずからの不等性を十全に実在化し得たものの等しい‐存在なのである。(14)

ここには、類的存在としての同一性に準拠する「平等」概念を根底から掘り崩す思考がある。ニーチェの言う「永劫回帰」とは、なんら神話的世界の出来事ではない。それは存在の差異を、反省的意識ぬきに無媒介的に肯定する力能の意志が開く一つの運動の名であり、そのプロセスにおいては、いかなる同一性も先行的に措定されることはない。それは、差異の数々が、類的同一性に包摂される特殊性という地位から解放され、概念の抽象性を突き破る力能の度合いにおいて把握される、そんな世界であり、そこではさまざまな存在がたがいに絶対的に異なるがゆえに絶対的に等しく価値をもつ。「すべて不等なるものの等しい‐存在」とは、そのような場における存在論的平等を意味している。

親鸞が「さまざまのものはみな、いし・かはら・つぶてのごとくなるわれらなり」と言うとき、そこで宣言されているのは、まさしく諸存在間の存在論的平等であり、いかなる先行的同一性にも還元されない「すべて不等なるもの」たちからなる集合体である。この集合体をそれとして存立させるのは、存在たちを共約しつつ比較衡量するような尺度ではなく、逆に、存在たちをその絶対的差異において肯定し、その絶対的価値のみを表出せしめながらたがいに結び合わせる、そんな尺度なき尺度である。真に社会的と呼ぶに値するこの集合体を存立させるその尺度なき尺度――それこそを親鸞は「摂取のひかり」と呼んでいるのだ。この「ひかり」に照らし出されるとき、存在たちは「摂」め「取」られるにしても、しかし、決して一つの「全体」を構成することはなく、その一部となることもない。存在の一人ひとりは、親鸞も、「れふし」も、「あき人」も、「小さなものであれ大きなものであれ」、それぞれが「力能の果て」まで進みながら、「たがいにたがいのうちへ変容し合い移行し合」い、その限界において「こがね」と化す。すなわち、さまざまな差異の無媒介的肯定において惹き起こされる衆生の生成変化、その無限への開かれ……。

そして、そのように無媒介的に肯定されるとき、差異は「カタストロフィック」になり、この世界の安定した「有機的表象」を脅かす、とドゥルーズは言う――

実際、差異が〔ヘーゲル的な〕反省的概念であることをやめるのは、そして確かに実在的概念を取り戻すのは、ただそれがさまざまなカタストロフィを指し示すかぎりにおいてのみである——諸類似のセリーにおける連続性の断絶であれ、相似的な諸構造のあいだの越えがたい亀裂であれ。差異が反省的であるのをやめるのは、ただカタストロフィックになるためにのみなのだ。そしておそらく、差異は一方なしに他方であることはできない。しかしまさしく、カタストロフィとしての差異は、有機的表象の見かけの均衡のもとで動き続ける一つの還元不可能な叛逆する基底＝根拠を証し立てているのではなかろうか[13]？

私たちは、法然によってはじめて明確に「平等」なる存在として概念形成された「衆生」が、ついで親鸞においていかに血肉化され新たな人間存在の理解をもたらしたか、その歴史的プロセスを見てきた。人間の類的同一性に準拠する安易なヒューマニズムを打破しつつ、別種の社会集団を形成する存在たる「衆生」——その概念の生成は、しかし、ここに至っていっそう高い力能をはらみ、そしてその効果としての表象批判という大きな問いへと接続される。それはおそらく、浄土という場をまさしく宗教的‐文化的‐美学的表象の外で生きることへと私たちを誘うことであるだろう。この問いを稀有な強度で引き受けた人、一遍の思考に、いまや私たちは向き合うべきときである。

(二)「不可思議の法」――一遍における〈離隔を惹き起こすもの〉たち、無‐底という自由

鎌倉新仏教史における最大のアクティヴィストたる一遍の衆生との関わり――それは、その「遊《ゆ》行《ぎょう》」の実践、とりわけ「賦算《ふさん》」という「南無阿弥陀仏　決定往生　六十万人」と書かれた念仏札を配りながら行なった独自の布教活動、そして空也上人に倣って、しかしはるかに広範囲に展開された「踊躍《ゆやく》念仏」、通称「踊り念仏」という集団的運動を見れば明らかなように、徹底した平等の思考につらぬかれた関係だった。幼くして天台宗で受戒・出家したのち、法然の孫弟子である聖達のもとで浄土の教えを十一年にわたって学ぶことから始め、その後、いったんの還俗を経て、三十二歳でふたたび出家、独居しつつ称名念仏の行に三年間没入する中で「十劫正覚衆生界　一念往生弥陀国　十一不二証無生　国界平等坐大会」という偈文を感得し、それを決定的な契機として衆生済度のために「遊行」を開始、以後、五十歳で滅するまで日本全国を経巡った一遍であってみれば、その思考の核に、文字どおり「一切衆生」を迎え入れる阿弥陀仏の誓願があったことはあらためるまでもないことだ。『一遍聖絵』はその「遊行」のはじまりをこう証言している――「さて此（の）別行結願《けちがん》の後は、ながく境界《きやうがい》を厭離《おんり》し、すみやかに万事を放下《はうげ》して、身命を法界につくし、衆生を利益《りやく》せんとおもひたち給ふ[16]」。

感得した偈文のうち、一遍にとってとりわけ啓示的であったのは「十一不二証無生」、すなわち「十劫の昔の法蔵菩薩＝阿弥陀仏の成仏と現在の衆生の一念往生は同じものであり生死を離れた真実を証している」という一句だが、そのことがなによりも一遍における衆生観を雄弁に物語っているだろう。なるほど、法蔵菩薩の誓願が十劫の昔に成就し阿弥陀仏になっているがゆえに、誓願に

則ってその名を称する衆生の往生もまた確かに約束されているという論理は、法然が確立した衆生往生の論理に忠実なものだが、他方、一遍においてその論理は別の次元へ跳躍を遂げている。それが「能帰《のうき》所帰《しょき》一体」という一遍に固有の念仏概念である。「能帰」とは一般に阿弥陀仏に帰依する主体たる衆生を指し、「所帰」とは帰依されるところの客体たる阿弥陀仏を指す。ところが、一遍は告げる——

南無とは十方衆生の機、阿弥陀とは法なり、仏とは能覚《のうかく》の人《にん》なり。六字をしばらく機・法・覚の三字に開《かい》して、終《つひ》に三重《ぢう》が一体となるなり。然《しかれ》ば、名号の外に能帰《のうき》の衆生もなく、所帰の法もなく、能覚の人もなきなり。是即《これすなはち》、自力他力を絶《ぜつ》し、機法を絶する所を、南無阿弥陀仏といへり。(17)

〔…〕他力に帰するとき、種々の生死は留《とどま》るなり。いづれの教《おしへ》も、此位に入て生死を解脱《げだつ》するなり。今の名号は能所一体《のうじょいったい》の法なり。(18)

心外《しんげ》に境《きやう》を置《おき》て罪をやめ、善を修する面《おもて》にては、曠劫《くわうこふ》を経《ふる》とも生死は離るべからず。能所《のうじょ》の絶する位に生死はやむなり。いづれの教も、この位に入て生死を解脱するなり。今の名号は能所一体の法なれば、声の中に三世《さんぜ》をつくす不可思議の法なり。(19)

「南無阿弥陀仏」という六字の名号を仮に「機」＝衆生・「法」＝阿弥陀・「覚」＝悟りを得た仏の三つに分けてみても、結局はこの三つは一体となる。だから、名号のほかに「能帰の衆生」も「所帰の法」も悟りを得た仏もないのである。すなわち、自力と他力の区別をなくし、衆生と真実の教えの区別をなくしたところを南無阿弥陀仏と言うのだ——第一の引用はそう述べている。第二の引用はいっそう端的に、他力の教えに帰依すればさまざまな生死の迷いはなくなること、どんな教えもこの境地に入れば生死を解脱すること、そして、今ここに言う「名号は能所一体の法」であること、すなわち、名号とは衆生と阿弥陀仏が一つになった真理であることを告げている。そして、さらに驚くべき名号の概念を提示しているのが、第三の引用である。心の外に規範を設けて罪をやめて、体面上だけ善を修すのでは、どれほど長い年月を経ても生死の迷いを離れることはできない。能帰＝衆生と所帰＝阿弥陀仏の区別がなくなった境位でこそ、生死の苦は終わるのである。どんな教えもこの境地に入って生死を解脱するのである。今ここで言う「名号は能所一体の法」なのだから、それは称名のひと声のうちに過去・現在・未来という「三世」を消尽する「不可思議の法」なのだ……。

南無阿弥陀仏という名号を、そこにおいて衆生と阿弥陀仏が一体となる場と見なすこと、あるいは南無阿弥陀仏と称えるとき、衆生と阿弥陀仏がその声の中で一つになり、能帰も所帰も区別がなくなり、その結果、過去・現在・未来、あるいは前世・現世・来世という時間構造そのものが尽き果てるということ——そう断言する一遍の思考から、私たちはなにを受け取るべきか。

この思考は第一に、自力／他力という区別を廃絶し、信と行における能動／受動という区別を廃絶することで、衆生という「機」の一つひとつを一切の比較衡量する尺度の及ばない領野における純粋な差異の群れ、無数の差異からなる開かれた集合へと解放したと言える。法然においては、凡夫こそを積極的な救済の対象とするという革命的な思考が発動したとはいえ、そこでは阿弥陀仏の無限の包摂力に頼みつつ、「たゞ口に南無阿弥陀仏と申せば、仏のちかひによりて、かならず往生するぞと決定の心をおこすべき也」[20]と言われているように、発心《ほっしん》という衆生における最低限度の能動性が求められていたし、親鸞においては「行」も「信」も阿弥陀仏によって与えられるものであるがゆえに、衆生の能動的働きかけのすべてを斥けるという論理の徹底化が行なわれたにしても、そこでは「真実信楽」を「獲得《ぎゃくとく》」し、その結果として「摂取のひかり」に納め取られるべきという受動的な開かれが衆生には求められていた。ところが、一遍においては事はどうなっているか。ここでは、衆生が阿弥陀仏に帰依するのでもなく、阿弥陀仏が衆生に帰依されるのでもない。一遍は、能動／受動という相の双方を消滅させることによって、あるいは自力／他力という力の作用の双方を滅却することによって、衆生を阿弥陀仏に包摂され「摂取」される存在と見なすのではなく、ただ称名のひと声ごとに阿弥陀仏とともにみずからの力能を肯定し反復する、そんな差異の数々であり、特異性たちであると定義しているのだ。

　第二に、この思考は、純粋な内在性の平面を拓く。名号は「声の中に三世をつくす不可思議の法」であると言う一遍にとって――親鸞とは別の意味で――、往生は死後の出来事ではない。往生は、今－ここで称える念仏のひと声ごとに起きる現実の出来事である。一遍はつぎのようにも言っている――

三世《さんぜ》裁断《さいだん》の名号に帰入《きにふ》しぬれば、無始無終《むしむじゅう》の往生なり。臨終平生《りんじゅうへいぜい》と分別《ふんべつ》するも、妄分《まうぶん》の機に付ていふなり。南無阿弥陀仏には、臨終なし、平生なし。〔…〕然《しかれ》ば、念々往生なり。(21)

只今の念仏の外に臨終の念仏なし。〔…〕遠く臨終の沙汰をやめて、能々《よく〳〵》念仏を申べきなり。(22)

「三世」という時間構造を滅却する念仏のうちに入り込めば、そこには始まりも終わりもない往生があるだけだ。南無阿弥陀仏という称名の行には、臨終／平生の区別も意味はない。だから、「念々往生」であり、「只今の念仏」こそを確かに称えるべきなのだ——ここには、往生が、なんら想像界における死後の出来事ではなく、神話的説話体系における非現実的な出来事でもないことが、はっきりと断言されている。一遍にとって重要なのは、衆生がこの穢土において、今この時、この場所で称える念仏だけであり、念仏のひと声ごとに衆生が往生を遂げることが、すなわち、衆生がこの穢土における生を肯定しつつ、浄土へとこの場で能動的な生成変化を遂げることこそが、一遍の唯一の問いであり、その究極の教えなのである。

したがって、この思考は第三に、浄土からその仮定された超越性を消し去り、その表象を解体する。南無阿弥陀仏という名号を、衆生と阿弥陀仏がそこにおいて一体となる場と見なし、衆生が阿弥陀仏とともにみずからの力能を肯定する媒質であると定義する一遍、そして往生を想像界における非現実的な出来事ではなく、衆生がその内在性の平面において遂げる能動的な生成変化であると考える一遍にとって、浄土は西方十万億土の彼方にある超越的な領土ではなく、神話的説話がその中心に据える表象ではない。そうではなく、一遍における衆生、すなわち、純粋な差異の群れであり、阿弥陀仏に包摂されるのではなく、むしろ称名を繰り返しながら阿弥陀仏とともにみずからの力能を肯定し反復することによって、今－ここで浄土往生を果たさんとする、そんな存在たちの念仏の意志につらぬかれることで、浄土はその一なる表象としての安定を突き崩され、超越的審級であることをやめる。浄土は、衆生の反復、その永劫回帰するリズムによって、それ自体カオス的なるものへと変貌するのだ。

そのような「すべてが無限に響きわたるさまざまな差異の差異に基礎を置く世界」について、そして反－表象的な「反復の究極のエレメント」としての「離隔を惹き起こすもの」をめぐって、ドゥルーズはつぎのように書いている――

永劫回帰は〈同じもの〉や〈類似したもの〉や〈等しいもの〉の回帰ではないと言うとき、私たちが言わんとしているのは、永劫回帰はいかなる同一性をも前提としていないということである。反対に、同一性なき世界、等しさと同様に類似もなき世界についてこそ、永劫回帰は告げられるのだ。それが告げられるのは、その基底そのものが差異であるような世界、そこではすべてが離隔性の数々〔disparités〕に、無限に響きわたるさまざまな差異の差異に基礎を置く、そんな世界（強度の世界）についてである。〔…〕永劫回帰とは、異なるものについて告げられる同一的なるもの、純粋な離隔を惹き起こすもの〔dispars〕について告げられる類似、ただ不等なるものについてのみ告げられる等しいもの、あらゆる距離について告げられる近接性なのである。諸事物は、差異のうちで八つ裂きにされていなければならず、それらの同一性は崩壊していなければならない——諸事物が永劫回帰の餌食、それも永劫回帰のうちにある同一性の餌食と化すために。(23)

永劫回帰が関係しているのは、たがいのうちに巻き込まれた〔impliqués〕差異の数々からなる世界、複雑で〔compliqué〕、同一性なき、本来的にカオス的な世界である。〔…〕永劫回帰において、カオス的‐彷徨〔chao-errance〕が表象の一貫性〔cohérence〕と対立する。すなわち、それはみずからを表象する主体の一貫性を、表象される対象の一貫性と同様に排除するのである。反復〔*répétition*〕は表象〔*représentation*〕と対立する。接頭辞〔re-〕が意味を変えたのだ。というのも、一方のケースにおいては、差異が同一的なるものとの関係において告げられるが、他方のケースにおいては、一義的なるものこそが異なるものとの関係においてのみ告げられるからである。反復、それはあらゆる差異の不定形な〔informel〕存在であり、事物の一つひとつをその表象が解体されてしまうあの極限的「形態〔forme〕」へともたらす、そんな基底＝根拠の不定形な力能なのである。離隔を惹き起こすもの〔dispars〕こそが反復の究極のエレメントであり、それは表象の同一性と対立するのだ。(24)

「同一性なき世界」、「すべてが離隔性の数々」に基礎をおく世界、「本来的にカオス的な世界」

――それこそは、一遍がその「能所一体の法」としての名号によって切り開いた未聞の世界、だが、共通の尺度なき絶対的差異におけるたがいに等しきものたちからなる、「ただ不等なるものについてのみ告げられる」別種の平等の地平である。事実、一遍は述べている――

他力称名に帰しぬれば、憍慢なく卑下なし。其故は、身心を放下《はうげ》して無我無人《むがむにん》の法に帰しぬれば、自他彼此《じたひし》の人我《にんが》なし。田夫野人《でんぷやじん》・尼入道・愚痴・無智までも平等に往生する法なれば、他力の行といふなり。(25)

ここでの「他力」概念が、そして「平等」概念が、法然・親鸞の系譜を受け継ぎつつ、しかし、ある切断の後に跳躍を遂げた概念であることに注意しよう。法然・親鸞においても、衆生はすでに類的一般性によって共約される存在であることをやめ、その差異を無媒介的に肯定される存在たちであった。とりわけ「れふし・あき人、さまざまのものは、みな、いし・かはら・つぶてのごとくなるわれらなり」という親鸞において、その平等は普遍的人権の理念や博愛主義的な道徳観から言われているのではなかった。そこでの「われら」は、たがいの絶対的差異において絶対的に等しい存在たちの集合なのであった。だが、そのことに充分留意したうえで、一遍における衆生は、その還元不可能な強度においていっそう際立っていると言える。そのどこまでも内在的な強度は、良識が語る類的同一性による共約だけでなく、阿弥陀仏による包摂、その「摂取のひかり」の来迎をさえも、不要としているように見える。つまり、たとえ一般的共約可能性によるのではなく、非‐対称的な〈他者〉の触発による情動的紐帯によるのであれ、阿弥陀仏の「ひかり」の中に「おさめとられ」ると告げられるとき、親鸞における衆生は、準‐表象的な安定性のうちに集まりあるいは中心化されるのだと言えるだろう。ところが、それに対して一遍はどうか。この「捨て聖」が「賦算」という贈与の力によって、そして「踊り念仏」というパフォーマンスをとおして出会い、群れをつくり、そして移動を続ける衆生は、いかなる安定性のうちにも場を見出すことはない。反対にそれは、いかなる安定した支えもない場のみをみずからの場とする。みずからを支えてくれるものとてはただ、みずからの力能の肯定をとおして見出される底なき底だけであるような存在たち――それこそが一遍が呼びまねく衆生なのである。ドゥルーズは書いている――

〔…〕そのすべての力能において肯定された永劫回帰は、根拠‐たる基礎〔fondation-fondement〕のいかなる創設も許しはしない。反対にそれは、起源的なものと派生的なもののあいだ、本体とシミュラクルたちのあいだに差異を設けるような審級としてのあらゆる根拠を破壊し、呑み込んでしまうのである。永劫回帰は、普遍的な脱根拠化〔*effondrement*〕に私たちを立ち会わせるのだ。「脱根拠化」という言葉によって理解すべきなのは、媒介されざる底〔fond〕というこの自由、他のすべての底の背後にある一つの底のこの発見、基礎づけられ‐ざるもの〔le non-fondé〕と無‐底〔sans-fond〕のこの関係であり、すなわち、不定形なるものについての、そして永劫回帰を構成する至高の形態についてのこの無媒介的な省察である。[26]

差異が蟻の群れのようにひしめいているのに、無底を差異なきものだと見なすこと――それは、極限的錯覚、すなわち、ありとあらゆる内在的錯覚から帰結する、表象による外在的錯覚である。そして、〈私〉の亀裂から出たり入ったりするこの蟻たちでないとしたら、構成的なる多数多様体をともなう諸〈理念〉とはいったいなんだろうか？[27]

一遍が「賦算」と「踊り念仏」によって組織する念仏集団においては、まさしく「本体とシミュラクルたち」とのあいだの区別、すなわち、聖者と凡夫、持戒と破戒、僧と俗、貴と賤のあいだのあらゆる区別が失効し、消去される。それは「能所一体」、つまり、帰依する衆生と帰依される阿弥陀仏のあいだの区別という最大の根拠そのものを廃絶したことの直接的帰結である。この集団においては、誰ひとり本来性を主張できず、誰ひとり中心ではあり得ない。そこではすべてが起源を欠いた派生的なるもの、自力を欠いた他力、つまりは、いかなる同一性へも送り返されることのない差異の数々であり、離隔を惹き起こすものたちなのである。

それゆえに、この衆生は、浄土という理念を超越的審級と見なさず、その対蹠点に穢土を置くこともしない。いかなる宗教的－文化的－美学的表象からも浄土を遠ざけ、したがってその表象を形成するあらゆる要素を斥けるこの衆生は、おそらく、最終的に「摂取のひかり」をも切断し、その包摂するエレメントを救済の根拠とすることさえも拒むだろう。一切の中心化する場所から遠ざかり、移動を続けるこの差異の群れは、みずからの救済のエレメントに超越性が、表象が、そしてそれが必然的にともなう基礎づけ根拠づける力が入り込むことを許さない。ただ称名念仏だけを、すなわち、みずからの力能を反復し肯定するその永劫回帰の時刻だけをみずからの根拠とする衆生は、みずからの底を割る。一切の他律的な原理に媒介されない存在たる念仏の衆生は、無-底という自由を生きるのだ——差異なき清浄なる浄土という錯覚に亀裂を入れる、蝟集する無数の蟻たちのように。

私たちは、法然から親鸞へ、そして一遍へと生成し、深まり、強度を増してゆく「衆生」概念をたどってきた。「一切衆生を平等に往生せしめんがため」という法然の宣言から始まり、普遍的人権の理念とは一線を画す親鸞における諸存在の差異の無媒介的肯定とそれが可能にする生成変化、そして一遍における浄土の反-表象的なる脱根拠化と無-底を生きる自由へ——だが私たちは今、どの地点にいるのか。私たちの歴史的現在はどの教えを継承すべく促しているか。衆生——新たな思考の場所を開くために、その名を私たちもまた新たに引き受け直さねばならぬ。

註

（1）ただし、より細かく言えば、これは中国の経典翻訳史における鳩摩羅什《くまらじゅう》や真諦《しんたい》による旧訳《くやく》であり、玄奘《げんじょう》による新訳では「有情《うじょう》」とされたことも考慮すべきではあるが、私たちが言及する『阿弥陀経』の漢訳者は鳩摩羅什であり、『無量寿経』の漢訳者・康僧鎧《こうそうがい》もまた旧訳の時代に属するため、ここではもっぱら「衆生」の語とその中世的意味を問題にする。

（2）大橋俊雄『法然全集』第二巻、春秋社、一九八九年、一六一頁。

（3）同書、一九七-一九八頁。強調引用者。

（4）『法然上人絵伝（上）』大橋俊雄校注、岩波文庫、二〇〇六年、五六頁。

（5）『法然全集』第二巻、前掲書、一九九頁。
（6）大橋俊雄『法然全集』第三巻、春秋社、一九八九年、一六一頁。
（7）同書、一七三頁。
（8）『浄土真宗聖典――註釈版 第二版――』浄土真宗本願寺派総合研究所編、本願寺出版、二〇一三年、二〇七頁。
（9）同書、二〇二頁。強調引用者。
（10）同書、二〇四頁。
（11）『法然全集』第二巻、前掲書、一九九頁。
（12）『浄土真宗聖典――註釈版 第二版――』前掲書、七〇六-七〇八頁。強調引用者。
（13）守中高明『他力の哲学――赦し・ほどこし・往生』河出書房新社、二〇一九年、「第二章 親鸞の闘い――マイノリティへの生成変化」、とりわけ「（二）「還相廻向」――「ひとり」から「われら」へ」、五七-七〇頁を参照。
（14）Gilles Deleuze, *Différence et répétition*, PUF, 1968, pp. 59-60.（ジル・ドゥルーズ『差異と反復（上）』財津理訳、河出文庫、二〇〇七年、一二二-一二三頁）。強調引用者。訳文は引用者による。以下同様。
（15）*ibid.*, p. 52.（同書、一〇五-一〇六頁）。
（16）『一遍上人全集』橘俊道・梅谷繁樹訳、春秋社、二〇一二年、八頁。
（17）同書、一五九-一六〇頁。強調引用者。
（18）同書、一八一頁。同右。
（19）同書、一八二頁。同右。
（20）大橋俊雄『法然全集』第三巻、一九八九年、春秋社、八六頁。
（21）『一遍上人全集』前掲書、一六一頁。
（22）同書、一九三頁。
（23）Gilles Deleuze, *Différence et répétition*, *op.cit.*, p. 311.（ジル・ドゥルーズ『差異と反復（下）』財津理訳、河出文庫、二〇〇七年、一九四-一九五頁）。
（24）*ibid.*, p. 80.（ジル・ドゥルーズ『差異と反復（上）』財津理訳、河出文庫、二〇〇七年、一六五-一六六頁）。強調原文。
（25）『一遍上人全集』前掲書、一六五-一六六頁。

（26）Gilles Deleuze, *Différence et répétition*, *op.cit.*, p. 92.（ジル・ドゥルーズ『差異と反復（上）』前掲書、一九一頁）。強調原文。

（27）*ibid.*, p. 355.（ジル・ドゥルーズ『差異と反復（下）』前掲書、二八三頁）。

第Ⅱ部　他力の論理学

第一章　他力、あるいは自然《じねん》

（一）「他力」と「自然法爾《じねんほうに》」――法然から親鸞へ

法然が開始した日本浄土教の革命的刷新の賭札が「他力」であったことは、誰もが知っている。だが、その概念をとおして法然が語る思考の本質はいったいなにであり、それを駆動させることで法然は、いったいどのような新たな教えの地平を拓いたか。

法然が「他力」を説くとき、それが天台宗的な自力による救済の教義体系からの離脱を第一義としていることは、比較的見やすい。すでに引いたつぎの問答を、あらためて検討してみよう――


問ていはく、称名念仏申す人は、みな往生すべしや。

答ていはく、他力の念仏は往生すべし。自力の念仏はまたく往生すべからず。

問ていはく、その他力の様いかむ。

答ていはく、たゞひとすぢにわが身の善悪をかえり見ず、決定往生せんとおもひて申すを、他力の念仏といふ。(1)

たしかにここでの「他力」は、自力との二項性において定義されているように見え、法然は他力の相対的優位を語っているかにも映る。事実、これに続くくだりで「自力とはいかん」という問いに対して、自力とは「煩悩具足」の「わろき身」が「さとりをあらはして成仏す」と心に誓って昼夜修行に励むことだが、それは「たとへば須弥〔須弥山〕を針にてくだき、大海を芥子のひさく〔柄杓〕にてくみつくさんがごと[2]く困難なことであり、それゆえに易行である念仏を選ぶべきなのだと法然は言う。往生のためには厳しい戒を守り激しい行を修さねばならぬと説く先行諸宗派に対して、決然と「凡夫往生」を約束する法然のうちには、なるほどこの意味での自力＝難行／他力＝易行という比較がありはする。だがそれは、衆生の機根に合わせて教えを説くための文字どおりの方便にすぎない。事実、別のところで法然はつぎのようにはっきりと書いている——

> シカルニ、往生ノミチニウトキ人ノ申ヤウハ、余ノ真言・止観ノ行ニタエザル人ノ、ヤスキママノツトメニテコソ念仏ハアレト申ハ、キワメタルヒガゴトニ候。[3]

往生への道に疎い人が、念仏は真言や天台宗の止観という難行に耐えることのできぬ者がたやすく勤める方法として用いるものだと言っているようだが、これはきわめて誤った考えである——そして法然は続けて事を明確化する。称名念仏以外の「余行ヲキラヒステ〔嫌い捨て〕」るのは、それが「陀仏ノ本願ニアラザル」がゆえにであり、また「釈尊ノ付属」＝釈尊が弟子に授け後世へ伝えるよう託した教えでもないがゆえにであり、さらに「諸仏ノ証誠」＝多くの仏がその誠を証し立てた行でもないがゆえにである、と。「凡夫往生」のために易き行たる称名念仏を説く法然において、しかし、その選択は完全に積極的なものなのである。つまり、法然の思考の革新性は、外形上の難易の外、比較衡量される尺度の外で「他力」を絶対的に肯定する点にこそあるのだ。
そして、その際に法然が根拠とするのは、阿弥陀仏の「本願」の構造である。「五障の身」＝五つの重い障りをもつ身であるがゆえに往生という救いの対象外であるとこの当時言われた女性からの、なぜ自分のような者さえ「すてられぬ」のかという問いかけに対し、法然はつぎのように答えている――

およそ生死をいづるおこなひ一つにはあらずといへども、まづ極楽に往生せんとねがへ弥陀を念ぜよといふ事、釈迦一代の教にあまねくすゝめ給へり。そのゆへは阿弥陀仏の本願をおこして、「わが名号を念ぜん物、わが浄土にむまれずば正覚をとらじ」とちかひて、すでに正覚をなり給ふゆへに、この名号をとなふるものはかならず往生する也。〔…〕罪業のおもき事は石のごとくなれども、本願のふねにのりぬれば生死のうみにしづむ事なく、かならず往生する也。ゆめ〳〵わが身の罪業によりて、本願の不思議をうたがはせ給ふべからず。(4)

法蔵菩薩が立てた誓い＝「本願」がすでに十劫の昔に実現し、菩薩は「正覚」を得て阿弥陀仏となっておられるのですから、その「名号をとなふるもの」は「かならず往生」します。念仏を称える者の救いはつねにすでに決定《けつじょう》しているのであって、その「不思議」は、「わが身」の「罪業」の有無にかかわらず、すべての衆生にはたらくのです――そう説く法然において「他力」とは、したがって、自力の否定であるよりも、むしろはるかに、衆生を縛る善悪という道徳的自己意識を消去し、衆生の生を裁く一切の超越的審級を無化する、そんな他なる力の名なのである。この点に関する法然の教えは徹底している。「つみをおそるゝは本願をかろしむる」ことであり、「身をつゝしみてよからんとする」のが「自力をはげむ」ことだなどと考えるのは「ものもおぼへぬ、あさましきひが事」(5)（＝教えを知らぬ、嘆かわしい誤り）だと法然は言う。だから、衆生に必要なのは、ただその「本願」への信をもつことだけ、「仏の御ちから」によって往生するという「うたがひ」なき「信」をもつことだけなのである。法然は書いている――

ワレラガ往生ハユメ〳〵ワガミノヨキ・アシキニハヨリ候マジ。ヒトヘニ仏ノ御チカラバカリニテ候ベキナリ。(6)

たゞ弥陀の本誓《ほんぜい》の善悪をもきらはず、名号をとなふればかならずむかへ給ぞと信じ、名号の功徳のいかなるとがをも除滅して、一念・十念もかならず往生をうる事の、めでたき事をふかく信じて、うたがふ心一念もなかれといふ心也。(7)

たゞ仏の御詞《みことば》を信じてうたがひなければ、仏の御ちからにて往生する也。(8)

守るべき戒や修すべき行という抑圧的観念から衆生を解放し、「善悪」「とが〔咎〕」についての道徳的反省とその結果生ずる否定的な自己意識の桎梏から衆生を脱却させ、かつ、もしなすべきこと、もし当為があるとすれば、それはただ「名号をとな」えることだけであり、そうすれば「ヒトヘニ仏ノ御チカラ」が「かならずむかへ給ぞ」という「信」をもつことだけであると告げる法然――ここにこそ法然における「他力」概念の本質がある。往生という救いからあらゆる自力作善による条件設定を消去し、ただ「信」を、それも法蔵菩薩＝阿弥陀仏の「本誓」成就によってつねにすでにそこに起きている「往生」への「信」をそのつど新たに肯定し、みずからにおいて反復せよという法然にとって、「他力」は、衆生が消極的・受動的な心的態度をとることをなんら意味しない。そうではなく、阿弥陀仏の救済力――一切の超越性を斥ける内在的なその力については、このあとすぐに見ることにしよう――が、あらゆる自力作善における意志の自由という幻想を消尽するということを、法然はひそかに、しかし確信をこめて説いているのだ。法然は書いている――

イマハタヾ弥陀ノ本願ニマカセ、釈尊ノ付属ニヨリ、諸仏ノ証誠ニシタガヒテ、オロカナルワタクシノハカラヒヲヤメテ、コレラノユヘ、ツヨキ念仏ノ行ヲツトメテ、往生オバイノルベシト申ニテ候也。(9)

ところで、親鸞において事はどのようになっているか。「他力」はどのように再‐解釈されているのか。親鸞が法然と同じく、だがいっそう明確に往生を無条件化し、したがって「他力」の概念を先鋭化したことはよく知られている。親鸞もまた、天台宗的な持戒と修行の数々を無用なものとしたばかりでなく、衆生の能動的な意志による自力作善をすべて「自性唯心《じしようゆいしん》に沈」み「定散《じようさん》の自心に迷《まど》」(10)う「虚仮邪偽《こけじやぎ》」(11)、すなわち、みずからの本性と心だけに固執し、精神集中による観察《かんざつ》行や廃悪修善《はいあくしゆぜん》の行をなし得ると考えるような虚妄であるとして斥けた。『教行信証』において確立したこの思考をめぐって親鸞は、その消息＝書簡や門弟へむけた教義の解説の中で幾度も丁寧に論じ直している。

自力と他力の差異については、たとえばつぎのくだりがある――

> まづ自力と申すことは、行者のおのおのの縁にしたがひて、余《よ》の仏号を称念し、余の善根《ぜんごん》を修行して、わが身をたのみ、わがはからひのこころをもつて身口意《しんくい》のみだれごころをつくろひ、めでたうしなして浄土へ往生せんとおもふを自力と申すなり。また他力と申すことは、弥陀如来の御ちかひのなかに、選択《せんじやく》摂取したまへる第十八の念仏往生の本願を信楽《しんぎよう》するを他力と申すなり。如来の御ちかひなれば、「他力には義《ぎ》なきを義《ぎ》とす」と、聖人（法然）の仰せごとにてありき。義といふことは、はからふことばなり。行者のはからひは自力なれば、義といふなり。他力は、本願を信楽して往生必定《ひつじよう》なるゆゑに、さらに義なしとなり。(12)

阿弥陀仏以外の仏の名を称え念じ、「南無阿弥陀仏」という称名以外の善根を修して、自分の力を頼みとし、みずからの「はからひ」の心によって身体・発話・精神の乱れを整えて、立派に振る舞って浄土へ往生しようと思うこと――これが自力であるとするならば、他力とは、ただ『無量寿経』中の第十八願に刻まれた法蔵菩薩＝阿弥陀仏の「本願」を信じて疑わないことであり、この「弥陀如来の御ちかひ」＝「たとい我れ仏を得たらんに、十方の衆生、至心に信楽して、我が国に生ぜんと欲して、ないし十念せんに、もし生ぜずといわば正覚を取らじ」がすでに成就していることにすべてをゆだねるからには、法然の言ったとおり、そこに衆生の「はからひ」が関与する余地はない。「他力には義なきを義とす」という教えにあるように、義とは「はからひ」であり自力に頼ることであり、それに対して他力は、「本願」のはたらきを信じることで「往生必定」となるがゆえに、そこに「義」はないのである――そう親鸞は説く。ここでの親鸞は、「オロカナルワタクシノハカラヒ」を「ヤメテ」、「タヾ弥陀ノ本願ニマカセ」よという法然の先の教えを忠実に解釈し、さらに明確に論理化していると言える。

しかしその一方で、親鸞はすでに「他力」概念を法然のそれを超えて拡張し、深化させていた。親鸞は「信心の定まるとき往生また定まるなり[13]」という命題に集約される「信心正因」(「正定の因はただ信心なり」――「涅槃の真因はただ信心をもつてす[14]」)の立場をとったが、すでに見てきたように、その唯一の条件たる「信心」も、そしてそれにもとづいて可能となると見なされる「行」も、いずれも阿弥陀仏が「廻施したま」うものだと考える点に、親鸞の際立った独自性がある。「信心」について親鸞は――

> この心《しん》はすなはち如来の大悲心なるがゆゑに、かならず報土の正定の因となる。如来、苦悩の群生海《ぐんじょうかい》を悲憐して、無礙広大の浄信をもつて諸有《しょう》海《かい》に廻施したまへり。これを利他真実の信

心と名づく。(15)

そして「行」について、名高いくだりをあらためて引けば――

ここをもつて「帰命《きみよう》」は本願招喚の勅命なり。「発願《ほつがん》廻向」といふは、如来すでに発願して衆生の行を廻施したまふの心なり。(16)

わが名を呼び、帰依せよと命ずると同時に、その帰依の心と行そのものを与える「如来の大悲心」。ここにあるのは、自力／他力という二項性を完全に滅却する絶対的「他力」の概念形成であり、それを前にしたときのあらゆる自由意志の無効化である。実際、唯一「信心」の獲得《ぎやくとく》だけを要請されつつ、しかし、その「信心」も、それにもとづく「行」さえも、ただ贈与されることしかできない衆生において、およそ自由意志なるものの存立は不可能であり、介在する余地はない。そして、阿弥陀仏の「他力」のはたらきのもとでの衆生におけるこの自由意志の消尽の名こそが、親鸞の言う「自然《じねん》」にほかならない。「自然法爾《じねんほうに》の事」と冒頭に記された消息――「正嘉《しようか》二〔一二五八〕年十二月十四日　愚禿《ぐとく》親鸞八十六歳」という日付と署名がある――を、親鸞はつぎのように書き起こしている――

「自然《じねん》」といふは、「自」はおのづからといふ、行者のはからひにあらず。「然」といふは、しからしむといふことばなり。しからしむといふは、行者のはからひにあらず、如来のちかひにてあるがゆゑに法爾《ほうに》といふ。「法爾」といふは、この如来の御ちかひなるがゆゑに、しからしむるを法爾といふなり。法爾は、この御ちかひなりけるゆゑに、およそ行者のはからひのなきをもつて、この法の徳のゆゑにしからしむといふなり。すべて、ひとのはじめてはからはざるなり。このゆゑに義なきを義とすとしるべしとなり。「自然」といふは、もとよりしからしむるといふことばなり。[17]

みずからの「はからひ」を捨てて阿弥陀仏の「他力」のもとへただ自己放擲せよ、という教えは、すでに法然の説くところでもあった。だがそれは、阿弥陀仏の無限の包摂力を前にすれば凡夫の「はからひ」など「おろか」なものに過ぎないという人間的な戒めの言葉であった。ところが、親鸞の場合はどうか。第一に、「如来のちかひ」のはたらきを「自然」の名で呼ぶとき、親鸞が告げているのは、それが包摂や救済という概念が想定させがちな超越的〈一者〉に由来する力ではないということである。そうではなく、ここで「如来」は「自然」という「おのづから」「しからしむ」生成ないしプロセスそのものであると言われているのであり、「行者のはからひ」の外にあるその純粋な生成ないしプロセスは、主体をもたず、いかなる擬人化される存在にも帰属しない。したがって、阿弥陀仏の力を語る際にそれを包摂や救済という言葉で表現するのは、実のところ不適切である。「自然」と呼ばれる阿弥陀仏とは、衆生がただそれに内在することができるだけであるような生成する力の名であるのだ。事実、これに続くくだりで親鸞は、如来の「ちかひのやう」＝誓いの要《かなめ》は念仏する者を「無上仏にならしめん」とすることだと述べたうえで、つぎのように書いている――「無上仏と申すは、かたちもなくまします。かたちもましまさぬゆゑに、自然とは申すなり。〔…〕かたちもましまさぬやうをしらせんとて、はじめて弥陀仏と申すとぞ、ききならひて候ふ[18]」。

第二に、この「おのづから」「しからしむ」力は、それに内在する衆生をあらゆる道徳的反省意識から解放し、さらには衆生の一切の意志を非‐関与的なものとする。同じく少し前のくだりに「行者のよからんともあしからんともおもはぬを、自然とは申す[19]」と書かれているように、「自然」である阿弥陀仏は、人間的道徳の外ではたらく力であり、それどころか「すべて、ひとのはじめてはからはざる」＝ことさらに人間が判断・思量することもない、そんな非‐人間的な生成ないしプロセスである。ここに展開されているのは、「自然」＝「おのずから」「しからしむ」＝「法爾」＝「如来の御ちかひ」＝「自然」というまったき同語反復の連鎖であり、それ以外に対応する言語化が見出せない非‐論理の世界である。それゆえに、「義なきを義とす」ということでの親鸞の言葉は、文字どおりに受け取らねばならない。すなわち、阿弥陀仏の「他力」が衆生を迎え入れあるいは投げ込むのは、論理なきことを論理とするというプロセスのただなか、つまりは非‐論理の生成のただなかなのである。自力の「はからひ」は否定されたのではない。それはここで、焼き尽くされ、消し去られたのだ。事実、この消息はつぎのように締め括られている――

弥陀仏は自然のやうをしらせん料《りよう》なり。この道理をこころえつるのちには、この自然のことはつねに沙汰すべきにはあらざるなり。つねに自然を沙汰せば、義なきを義とすといふことは、なほ義のあるになるべし。これは仏智の不思議にてあるなるべし。[20]

阿弥陀仏とは「自然」のはたらきを知らせる手だてであり、「この道理」を理解したあとでは、「自然」はつねにあれこれ論ずべきことではない。もし「自然」を論ずれば、非‐論理を論理とすることが、なおも論理を有することになってしまうだろう。これこそが如来の智恵が「不‐思議」であること、すなわち、反‐思考であることを示しているのだ……。

(二)「神あるいは自然」——スピノザと親鸞

ここ、この地点にいたって、私たちは一人の哲学者の思考を参照すべく促される。バルーフ・デ・スピノザ(一六三二‐一六七七年)がその人である。親鸞とスピノザ——生まれ落ちた時代も活動した地域もまったく異なり、したがって属していた社会的‐文化的‐宗教的文脈もまったく異なるこの二人は、しかし、「自然」の一語において結び合い、たがいを照らし合っている。

主著『エチカ』(一六七七年:死後出版)によって不朽の名を刻むスピノザの思考は、「神あるいは自然」(Deus sive Natura)の一句に集約される汎神論として哲学史上に位置づけられる。だが、この一句(『エチカ』第四部「序言」にそれは読まれる)は、限界的なまでに明晰な省察と精密な論理の集積——『エチカ』のサブタイトルは「幾何学的秩序に従って論証された」である——からなる土台のうえに置かれており、安易な釈義やパラフレーズを許さない。それゆえ、ここでの私たちのアプローチも限定的・部分的なものたらざるを得ないが[21]、それでも取り得る視座がある。まず、前提として確認しておかねばならないのは、スピノザが「神」と呼んでいるものは――その名が誤解させかねないような――人格神ではなく、また超越的存在でもないということだ。そうではなくそれは、「自然」そのもの、すなわち、あらゆる存在がそこから産出され、あらゆる存在がそこに属し、かつ、それ自体において存在しみずからのうちに存在する、そんななにかである。そのような〈すべて〉を産出し、かつ〈すべて〉がそこに属するなにかをスピノザは「神」と呼び、「自己原因」と定義し、それは唯一の「実体」であり、すべてのものの「内在的原因」であると定理において「証明」する――

神のほかにはいかなる実体も存しえずまた考えられない。(「第一部　神について」定理一四[22])

すべて在るものは神のうちに在る、そして神なしには何物も在りえずまた考えられない。(同、定理一五[23])

神はあらゆるものの内在的原因であって超越的原因ではない。(同、定理一八[24])

このような「神」を、スピノザは「能産的自然」とも呼んでいる。「能産的自然」とは「それ自身のうちに在りかつそれ自身によって考えられるもの、あるいは永遠・無限の本質を表現する実体の属性、言いかえれば〔…〕自由なる原因として見られる限りにおいての神」のことであり、それに対して「所産的自然」はと言えば、「神の本性あるいは神の各属性の必然性から生起する一切のもの、言いかえれば神のうちに在りかつ神なしには在ることも考えられることもできない物と見られる限りにおいての神の属性のすべての様態[25]」であるとスピノザは書いているが、ここで重要なのは、「所産的自然」とは産み出された結果として「能産的自然」から切り離し得るような対象化可能な「自然」なのではないということである。そうではなくそれは、あくまでも「神のうちに在りかつ神なしには在ることも考えられることもできない物と見られる限り」においての「神の属性すべての様態」であり、したがって「能産的自然」と一体不可分であるということだ。右に引いた「定理一八」が示すように、スピノザ的「神」は「内在的原因」であり、超越的な場に立って無からなにかを作り出すような創造主ではない。そのことは、「定理二五の系」のつぎの記述において明確化されている——

　個物は神の属性の変様《アフェクティオ》〔affectio〕、あるいは神の属性を一定の仕方で表現する様態《モードゥス》〔modus〕にほかならぬ。(同、定理二五の系[26])

スピノザ的「神」は創造しない。それは事物のそれぞれに変様し、様態化する。それは、どこまでも内在的な原因であり、内在する「神」であるのだ。

このことは、ただちにつぎの二つの帰結を生む。第一に、所産的自然が能産的自然の様態的変様であるならば、すなわち、「自己原因」たる唯一の「実体」による様態の産出であるならば、そこに産出されるすべてのもの、そこで生起するすべてのことは、必然である――

神の本性の必然性から無限に多くのものが無限に多くの仕方で（言いかえれば無限の知性によって把握されうるすべてのものが）生じなければならぬ。（同、定理一六）[27]

自然のうちには一として偶然なものがなく、すべては一定の仕方で存在し・作用するように神の本性の必然性から決定されている。（同、定理二九）[28]

物は現に産出されているのと異なったいかなる他の仕方、いかなる他の秩序でも神から産出されることができなかった。（同、定理三三）[29]

そして第二の帰結は、神が超越的原因ではなく、すなわち、最高度の知性と自由な意志としてあらゆる産出の選択を可能性としてもつ超越者なのではなく、「内在的原因」たる唯一の「実体」によるその様態の産出の様相はつねに必然性なのであってみれば、この「神あるいは自然」のうちなるあらゆる存在において、意志の自由な行使、自由意志のための場はどこにもない、ということだ――

精神の中には絶対的な意志、すなわち自由な意志は存しない。むしろ精神はこのことまたは

> かのことを意志するように原因によって決定され、この原因も同様に他の原因によって決定され、さらにこの後者もまた他の原因によって決定され、このようにして無限に進む。(「第二部精神の本性および起源について」定理四八[30])

> 精神の中には観念が観念である限りにおいて含む以外のいかなる意志作用も、すなわちいかなる肯定ないし否定も存しない。(同、定理四九[31])

「スピノザの原則は〔…〕「意志は自由な原因と呼ばれ得ない」ということであり、「意志は、有限であれ無限であれ、つねに一つの様態であり、それはもう一つの原因によって決定されている」ことを確認したうえで、ドゥルーズはつぎのように続けている――

> 一方で、さまざまな観念はそれ自体さまざまな様態であり、かつ、神の観念は、神がそれ自身の本性およびそこから結果として生じるものすべてをそのもとに包含している一つの無限様態にすぎず、神は決して可能なるものとしてそれらを抱懐しているのではない。他方、さまざまな意志作用も観念に含まれている諸様態であって、観念そのものにしたがう肯定あるいは否定と一つをなすものであり、その諸行為のうちには決してなに一つ偶然なるものはない(EII, 49)。だから、知性も意志も神の本性ないし本質に属してはおらず、自由な原因ではない。〔…〕神が自由なのは、すべてが神自身の本性から必然的に生じるからであり、可能なるものを抱懐

しているからでも偶然的なるものを創造するからでもない。自由を規定するもの、それはある「内的なるもの」であり、必然性の「自己」である。人は決してその意志や、意志がそれにしたがってみずからを統制するものによって自由なのではない。そうではなく、その本質そして本質から生じるものによって自由なのである。(32)

阿弥陀仏の「他力」を「おのづから」「しからしむ」「自然《じねん》」と呼ぶとき、親鸞が認識しているのは、まさにスピノザ的意味における「内在的原因」としての「神＝自然《しぜん》」であり、そのはたらきの様相が「必然」であるということだ。「行者のはからひ」を斥けるとき、親鸞はただたんに衆生にむけて小さな自力作善を捨てて阿弥陀仏という無限者の広大無辺な慈悲に身をまかせよと諭しているのではない。「如来の御ちかひ」である「法爾」は「およそ行者のはからひのなきをもつて、この法の徳のゆゑにしからしむ」のだと言うとき、親鸞が見て取っているのはその「しからしむ」作用のあらゆる様相の必然性であり、親鸞が告げているのは、衆生にできるのはただその必然性に内在することだけだということである。「他力」への信とは、それ以外のことではない。

たとえば、先の消息に先立つ『一念多念文意《いちねんたねんもんい》』という門弟むけの解説の書――これには「康元二《こうげんに》歳《さい》〔一二五七年〕丁巳《ひのとのみ》二月十七日　愚禿《ぐとく》親鸞八十五歳これを書く」と末尾に記されている――において、親鸞はなにを語っているか。この長からぬ書のある個所で『無量寿経』の結び近くに読まれる「仏語弥勒、其有得聞、彼仏名号、歓喜踊躍、乃至一念。当知、此人為得大利。則是具足無上功徳」〔仏、弥勒に語りたもう、「それ、かの（阿弥陀）仏の名号を、聞くことをうることありて、歓喜踊躍《かんぎゆやく》し、ないし一念せん。まさに知るべし、この人、大利を得《う》となす。すなはち、これ無上の功徳を具足するなり」[33]という文言を読み解き、「歓喜踊躍」が阿弥陀仏の名を聞くことによって得る「よろこぶこころのきはまりなきかたち」の表現であること、「乃至」が「称名の遍数《へんじゅ》〔＝称える回数〕の定まりなきこと」を意味すること、「一念」が「功徳のきはまり」でありそこには「万徳《まんどく》ことごとくそなは」っていることを註釈し、そして「為得大利」が「無上涅槃をさとる」ことであるがゆえに「則是具足無上功徳」とも言われているのだと説いたうえで、親鸞はこう続けている――

> 「則《そく》」といふは、すなはちといふ、のりと申すことばなり。如来の本願を信じて一念するに、かならずもとめざるに無上の功徳を得しめ、しらざるに広大の利益を得るなり。自然《じねん》にさまざまのさとりをすなはちひらく法則《ほうそく》なり。法則といふは、はじめて行者のはからひにあらず、もとより不可思議の利益《りやく》にあづかること、自然《じねん》のありさまと申すことをしらしむるを、法則とはいふなり。一念信心をうるひとのありさまの自然《じねん》なることをあらはすを、法則とは申すなり[34]。

「如来の本願を信じて一念」すれば、「かならずもとめざるに」「しらざるに」この上ない功徳と広大なる利益を衆生は「得」るのであり、その「自然《じねん》」のはたらきには、ことさらに衆生が「はから」う余地はない。「本願」への信をもつとき、その「不可思議の利益」に「あづかる」ことは「自然のありさま」であり、「一念信心をうるひと」の「ありさま」は「自然なること」以外になく、それは「法則」である――親鸞はそう言っている。ここでの「法則」という語には、近代的な語義

――たとえば自然法則と言われる際のそれ――以上の強い意味作用がかけられており、事実、親鸞は原典中でこの「法則」の二文字に、「コトノサダマリタルアリサマトイフコ、ロナリ」という左訓を付している。(35) まさしく、阿弥陀仏の本願力という「自然」に内在するとき、そこで変様し、様態化するすべてのことは「必然」として定まるということを、親鸞ははっきりと認識しかつ言語化しているのである。

そして、「他力」への信が「おのづから」「しからしむ」「自然」の作用の必然性へ内在することであるとすれば、「はからひ」を捨てるということは、たんに念仏行者が受動的存在にとどまるべきだなどということを意味しているのではない。「如来の本願」との関係において衆生にできるのはただ、その「はじめてひとのはからはざる」生成に内在し、その必然性を生きることだけであると言うとき、親鸞が求めているのは衆生がその一切の超越への欲望を捨てることであり、したがって同時に、阿弥陀仏を超越的な〈一者〉と見なすことをやめることである。スピノザ的「神」があらゆるものの「内在的原因」であり、個物はその属性の変様であり様態化であって、「神」はなんら超越的原因ではなく、最高度の知性と自由な意志をそなえた〈一者〉ではなかったのとまったく同様に、阿弥陀仏もまた「内在的原因」であり、なんら超越的な場から自由な意志を行使する人称的存在ではない。そもそも阿弥陀仏は、第一義的には「無量寿」「無量光」という物質性をもたない「法身《ほっしん》」、すなわち「法《ダルマ》」＝真理そのものの名であり、それはいかなる人格的形象にも還元され得ない。その形象化不可能な「法身」が、しかし、衆生済度のために時と場所に「応」じて仮の身体＝「応身《おうじん》」となって現れることがあり、さらに仏となるための果てしない修行を積んだ結果「報」

われて「報身《ほうじん》」となって現れることがあるというのが、大乗仏教の原則的かつ根本的な理解である。それは本来的には形相なき力能であり、スピノザが「神」について言ったのと同じくその「本性には知性も意志も属さない(36)」。

にもかかわらず、阿弥陀仏の夥しい歴史的図像化・造形化がなされてきたのはなぜか。それは第一に、衆生=人間が事物の表象化とそれを通じた一般的概念の形成を抜きがたい性向としてそなえているからである。そして第二にそれは、阿弥陀仏の形相なき力能をそれとして認識する代わりに、衆生=人間がみずからの超越への欲望を阿弥陀仏に投影し、みずからの似姿として阿弥陀仏を理解しようとするからである。そしてその結果、人称的存在と見なされた阿弥陀仏がその超越的意志によって衆生を救うという転倒した図式が産出され、阿弥陀仏と衆生のあいだには鏡像的な反射=分身関係が設定されることになるのである。

だが、これこそは浄土教理解における最大の誤謬、およそ最もあってはならない、しかし現代でもきわめて強い拘束力をもつ誤った認識であり、親鸞はまさにその誤謬と誤認を批判すべく阿弥陀仏=「自然」という等式を打ち立てているのだ。「無上仏と申すは、かたちもなくまします。かたちもましまさぬゆゑに、自然とは申すなり。〔…〕かたちもましまさぬやうをしらせんとて、はじめて弥陀仏と申す」という先に引いた親鸞の言葉が指し示しているのは、形相なき力能としての阿弥陀仏にほかならず、阿弥陀仏を表象化とそれがはらむ超越への欲望の外で認識せよ、という教えにほかならない。

ここから出発して、私たちは称名念仏がいったいどのような行為であるかをあらためて定義することができるだろう。「南無阿弥陀仏」とはなにか。この一句を構成する「南無」がサンスクリット語の《namas〔ナマス〕→（連声《れんじょう》により）namo˙〔ナモ〕》の音を転写した「帰依」を意味する名詞であり、「阿弥陀仏」が《Amitayus〔アミターユス〕》あるいは《Amitabha〔アミターバ〕》を転写した「無量寿」と「無量光」の重なりを意味することはよく知られているとおりである。したがって「南無阿弥陀仏」とは、最も簡潔に現代語に言い換えれば「帰依‐無限者に」である。だが、この発話が反復されるとき、そこで起きているのはどんな出来事であるか。「阿弥陀仏」が一般に考えられがちなような一神教的な主ではないのであってみれば、ここで言う「帰依」が天上ないし彼岸への超越を志向する僕《しもべ》としての衆生の祈りではまったくないことはもはや言うまでもないだろう。そうではなく、「阿弥陀仏」がむしろスピノザ的な「神」、すなわち内在的原因であり、能産的自然であり、そのはたらきがみずからの属性を無限に変様させ、様態化することに存するのだとすれば、それに「帰依」することとは、まさしくその変様と様態化の必然を肯定することにほかならず、一切の超越への欲望と自由意志の幻想を滅却してその必然に内在することである。そして「阿弥陀仏」とは、どんな表象化にもどんな概念の一般性にも抗う形相なき力能なのであってみれば、その名を称えることは、まさしく力能を表象することなくただ名において反復すること、その「おのずから」「しからしむ」「自然」の生成を肯定し、その触発する力に触発をもって応えることであるだろう。すなわち、力能の意志としての念仏の意志……。

ここから帰結するのが、称名念仏の反‐道徳主義的効果である。私たちはすでに、法然における

「凡夫往生」の教えが衆生をその善悪についての反省とそこから生ずる道徳的自己意識の桎梏から解放するものであることを見てきた。天台宗の伝統における「十重禁戒」や「四十八軽戒」に代表される戒という宗教的‐道徳的規範がどれだけ庶民を抑圧し、その生に負債の感情と罪の意識を植えつけているかを見て取った法然は、そのような抑圧的構造を打破し、浄土教の平安的パラダイムから脱却すべく、往生という救いから一切の条件を解除したのであった。善人・悪人、持戒・破戒、有智・無智、貴賤、男女等々の区別は、往生の可否になんら関与的ではない。法蔵菩薩＝阿弥陀仏の誓願が成就しており、衆生の往生もまたその開かれた未来完了の時間性においてつねにすでに決《けつ》定《じょう》しているという「本願の不思議」を疑うことなく称名念仏すること――ただそれだけが往生の道であると説く法然は、衆生の生を今‐ここで留保なく肯定せんとする点において、すぐれてニーチェ的な反‐道徳主義の実践者だと言える。

そして、浄土教の平安的パラダイムを批判し、阿弥陀仏をその超越的審級から内在性の領野へと導いた点において、法然の実践は、イエス・キリストの実践が本来的にはユダヤ教的超越性に対する内在革命であったのに比すべき革命であった。人間イエスと、のちに人格神となったキリストとを区別するこの視座もまたニーチェのものである。『反キリスト者』の中で、ニーチェは書いている――

「福音」の全心理学のうちには負い目と罰という概念はない、同じく報いという概念もない。「罪」、神と人間とのあいだを分かついずれの距離関係も除去されている、――まさしくこれこそ、「悦ばしき啓示」なのである。浄福は約束されるのではない、それは条件に結びつけられているのではない、それは唯一の実在なのである〔…〕。
〔…〕彼〔イエス〕はユダヤ人の懺悔と贖罪の教えを全部清算してしまった。おのれが、「神的」、「浄福」、「福音的」であると、いつでも「神の子」であると感ぜしめるのは、生の実践のみであるということを彼は知っている。神への道は「懺悔」でもなく、「罪の赦しのための祈禱」でもない。福音的実践のみが神へとみちびくのであり、この実践こそ「神」である！——福音で片づけられてしまったもの、それは、「罪」、「罪の赦し」、「信仰」、「信仰による救い」という概念をもつユダヤ教であった〔…〕[37]。

「悦ばしき啓示」にきびすを接して最もひどい啓示が、パウロのそれがあらわれた。パウロのうちには、「悦ばしき使徒」の反対類型が、憎悪の、憎悪の幻想の、憎悪の仮借なき論理の天才が体現されている。この禍音の使徒はなんとすべてのものを憎悪の犠牲に供したことか！なによりも救世主を。パウロは救世主をおのれの十字架にかけたのである。イエスの生涯、その実例、その教え、その死、全福音の意味と権利——この憎悪からの贋造家が、おのれの利用しうるものだけをとらえるや、もはや何ひとつとして残されてはいなかった。実在性も残らず、歴史的真理も残らなかった！[38]

「キリスト教の発明者はキリストではない。そうではなく疚しい良心の人間、怨恨《ルサンチマン》の人間たる聖パウロである」[39]とニーチェを読解しつつドゥルーズも指摘するように、イエスは同時代の支配的宗教体系であったユダヤ教に対する批判者であり、とりわけ律法とその戒律や諸制度に対する徹底した抵抗と叛逆を実践した人間であった。しかし、その人間イエスの福音的な生と実践の「実在性」と「歴史的真理」は、反動的諸力による事後的な解釈のために消し去られ、別の新たな超越性へと翻訳され、変質した。その結果が人格神としてのキリストの形象であり、その物語である。

阿弥陀仏とその概念の変革者たる法然をめぐって起きたのも、おそらく、これと同一の構造的変質である。詳述してきたように、法然における救済の思考のうちには衆生の罪や負い目や罪責意識を利用するような悪しき道徳性はなく、「疚しい良心」のつけ入る余地は一切ない。そしてそこにおける阿弥陀仏もまた、無限に拡がりゆく大慈悲という内在性の領野そのもの以外ではない。にもかかわらず、阿弥陀仏が超越的〈一者〉と見なされ、称名念仏が天上への空虚な祈りだと理解されてしまうのは、すでに指摘したように、衆生がみずからの超越への欲望をそこに投影し、読み込んでしまうからである。それは弱さゆえの空虚な欲望であり、みずからの生の空虚に由来するニヒリズムにほかならない。

だが、親鸞が打ち立てる阿弥陀仏＝「自然《じねん》」という等式は、そのような反動を撃つ。「行者のはからひ」を斥けるとき親鸞が考えているのは、その「はからひ」がたんに自力への慢心にとどまらず、意志の自由と超越への欲望に駆られた人間的な、あまりに人間的なニヒリズム、とりわけ現代人に顕著に見られるような人間中心主義の表現と化し、その結果、「他力」のそなえる絶対的肯定性が誤認されてしまうことの危険性である。あらゆる自力という名の人間中心主義を離れたこの

「他力」の絶対的肯定性、すなわち、もはや否定性の対義語ではない別種の強度をそなえた肯定性の実現ならぬ反-実現のことを、親鸞は「非行《ひぎょう》・非善《ひぜん》」と呼んでいる。『歎異抄』において弟子・唯円は、つぎのような証言を記している——

念仏は行者のために、非行・非善なり。わがはからひにて行ずるにあらざれば、非行といふ。わがはからひにてつくる善にもあらざれば、非善といふ。ひとへに他力にして、自力をはなれたるゆゑに、行者のためには、非行・非善なりと云々。(40)

そしてこの意味=方向性において、法然を継承しつつ親鸞が展開した「他力」の全般化とそれによる自力の消尽という教えは、今日なお、否、今日こそすぐれて批判的な有効性をもつ。「自然《じねん》」=「自然《しぜん》」に内在せよ、その生成の必然に内在せよという教えは、エコロジー的命法に読み替えることができるだけではない。そもそも「エコロジー」が自然に対する人間的欲望のたんなる部分的抑制を意味するならば、それは「自然《じねん》」への内在からはほど遠い。「自然《じねん》」=「自然《しぜん》」への内在が留保なく行なわれるならば、それは、この世界に対してみずからの力をどこまでも可能性の様相で行使することしかできず——そのとき人はみずから仮定した超越的な神の代理人である——、あたかも自然に対して支配と制御の適度で適切な「人間的」関係を保ち続けることができるかのように思い込む錯覚——「持続可能な開発目標SDGs」とはそのような錯覚の典型である——から、人を目覚めさせるはずだ。そのとき人は、はじめて人間的道徳主義からきっぱりと離れ、来たるべき衆生のエチカへと転回を遂げるだろう……。

来たるべき衆生──その出来と生成の原理を語るためには、しかし、もう一人の念仏者の思考を経由しなければならない。「遊行」の行者として絶えず移動し続け、踊り念仏に、そして無尽蔵に教えを施すことに生涯を賭けた「捨て聖」たる一遍がその人である。一遍は言う──

名号は義によらず、心によらざる法なれば、称すれば決定往生すると信じたるなり。(41)

この簡潔な断言が、いかなる緻密な論理のうえに発せられているか。その論理がいかにして来たるべき衆生の生成原理たり得るか──それを読み解き、明らかにすることが、つぎの私たちの課題である。

註

(1) 大橋俊雄『法然全集』第三巻、春秋社、一九八九年、二一二頁。
(2) 同書、二一三頁。
(3) 同書、六六－六七頁。
(4) 同書、二二三－二二四頁。
(5) 同書、一〇八頁。
(6) 同書、四八頁。

（7）同書、八七頁。
（8）同書、二二五頁。
（9）同書、六七頁。強調引用者。
（10）『浄土真宗聖典――註釈版　第二版――』浄土真宗本願寺派総合研究所編、本願寺出版社、二〇一三年、二〇九頁。
（11）同書、一九七頁。
（12）同書、七四六頁。
（13）同書、七三五頁。
（14）同書、二〇六頁、二二九頁。
（15）同書、二三五頁。
（16）同書、一七〇頁。
（17）同書、七六八頁。
（18）同書、七六九頁。
（19）同右。
（20）同右。
（21）『エチカ』についてのおよそ最も厳密・包括的かつ創造的な読解としては、江川隆男『スピノザ『エチカ』講義――批判と創造の思考のために』法政大学出版局、二〇一九年を参照されたい。
（22）バルーフ・デ・スピノザ『エチカ（倫理学）（上）』畠中尚志訳、岩波文庫、二〇一一年、五九頁。
（23）同書、六〇－六一頁。
（24）同書、七四頁。
（25）同書、八五－八六頁。
（26）同書、八一頁。ただし「変状」を「変様」に変更。以下同様。
（27）同書、六八頁。
（28）同書、八四頁。
（29）同書、八九頁。

(30) 同書、一八四頁。
(31) 同書、一八六頁。
(32) Gilles Deleuze, *Spinoza—Philosophie pratique*, Éd.de Minuit, 1981, pp. 113-114.（ジル・ドゥルーズ『スピノザ——実践の哲学』鈴木雅大訳、平凡社ライブラリー、二〇一九年、一二八－一二九頁）。強調引用者。訳文は引用者による。
(33)『浄土三部経（上）』岩波文庫、一九九〇年、二三七頁。
(34)『浄土真宗聖典——註釈版 第二版——』前掲書、六八四－六八五頁。
(35)『浄土真宗聖典全書（二） 宗祖篇 上』教学伝道研究センター編、本願寺出版社、二〇一六年、六六九頁。
(36) スピノザ『エチカ』前掲書、七〇頁。
(37) フリードリッヒ・ニーチェ『偶像の黄昏 反キリスト者』原佑訳、「ニーチェ全集14」、ちくま学芸文庫、一九九四年、二一三－二一四頁。強調原文。訳文軽度に変更。
(38) 同書、二二八頁。強調原文。訳文軽度に変更。
(39) Gilles Deleuze, *Nietzsche et la philosophie*, PUF, 1962, p. 165.（ジル・ドゥルーズ『ニーチェと哲学』江川隆男訳、河出文庫、二〇〇八年、二八三頁）。訳文は引用者による。
(40)『浄土真宗聖典——註釈版 第二版——』前掲書、八三六頁。
(41)『一遍上人全集』橘俊道・梅谷繁樹訳、春秋社、二〇一二年、一九一頁。

第二章　他力、あるいは無媒介の力

(一)「心によらざる法」――一遍における「他力」

一遍の生涯を見渡すとき、私たちの心に浮かぶ像はなによりもまず「一切を捨離すべし(1)」と衆生に命じ、かつ、みずからその言葉を実践した「捨て聖」の姿であるだろう。その言葉が、第一に、現世での諸事物への執着を離れよという意味であったことは理解しやすい。一遍によれば、念仏者の機根には「上根《じょうこん》・中根《ちゅうこん》・下根《げこん》」があり、前二者が仮に妻帯して家をもち、あるいは衣や食料をそなえていても、執着せずに往生できるのに対し、最下等の「下根」たる「われら」は一切を捨てなければ、臨終のときにあれこれに執着して「往生を損ず(2)」ることになる。それどころか「衣食住《えじきぢゅう》の三《みっ》は三悪道《さんなくだう》」(3)、すなわち、私たちがそれをもち、そなえることを常識とする衣食住がそもそも「畜生道」「餓鬼道」「地獄道」という悪しき業そのものなのであり、そう信ずる一遍が、事実、三十五歳で出立し五十歳で没するまで続けたその「遊行」のあいだ中、「心諸縁《しんしょえん》をはなれて、身に一塵をもたくはへず(4)」に諸国を経巡ったことを、『一遍聖絵』は証言している。私的所有の欲望のすべてを滅却するその行は、まさにラディカルと呼ぶほかない。

だが、一遍が「捨て」たのは、諸事物への執着だけか。否、一遍は常識が是とする最低限度の私的所有を捨てただけでなく、私たちの常識＝共通感覚〔le sens commun〕を形づくり基礎づけている論理そのものを、問い質し、転換し、否定し、最終的には無化してしまうのである。すなわち、論理を「捨離」すること――それは、どのような意味＝方向性においてなされたか。

法然－親鸞のあとに続く称名念仏者――一遍が法然の孫弟子・聖達から浄土宗西山義の教えを受けて浄土門に帰依したことはすでに言った――として、一遍はまず――これは時系列ではなく、論理的な手続きの意だが――、念仏往生に常識が付す条件を解除する。聖道門が課すような行も戒もなしに往生を約束する易行たる称名念仏にも、最小限の前提条件がある。それが「至誠心《しじょうしん》」「深心《じんしん》」「廻《え》向発願心《こうほつがんしん》」である。

『観無量寿経』および善導によるその註解の書『観経疏』「散善義」の文言を引いて釈義を加える法然によれば、「至誠心」とは〈真の心〉、すなわち「至は真なり。誠は実なり。一切衆生の身・口・意業に修するところの解行《げぎょう》、必ずすべからく真実心の中になすべきこと[5]」を意味する。「深心」とは深く信ずる心、〈深信の心〉であり、それには二種類があるという。すなわち「一は決定して深く、自身は現にこれ罪悪生死の凡夫、曠劫《こうごう》より已来、常に没し常に流転して、出離の縁あることなしと信ず」ること＝みずからが救われ難い凡夫であると自覚すること、そして「二は決定して深く、かの阿弥陀仏の、四十八願をもって衆生を摂受したもうこと、疑いなく慮りなく、かの願力に乗って、定んで往生を得と信ず[6]」ること＝そのような凡夫さえも阿弥陀仏の本願が必ず救うと信ずることを意味する。そして「廻向発願心」とは「過去および今生《こんじょう》の身・口・意業に修するところの世・出世の善根、および他の一切の凡聖の身・口・意業に修するところの世・出世の善根を随喜して、この自他の所修の善根をもって、ことごとく皆真実の深信の心の中に廻向して、かの国に生ぜんと発願す[7]」ること＝一切の善根を廻向して往生したいと願うことを意味する。このように「三心」概念を確認したうえで、法然はつぎのように書いている――

私に云く、引くところの三心はこれ行者の至要なり。所以はいかんぞ。経には則ち、「三心を具する者は、必ずかの国に生ず」と云う。明らかに知んぬ。三を具すれば、必ず生ずることを得べし。釈には則ち、「もし一心をも少けぬれば、即ち生ずることを得ず」と云う。明らかに知んぬ。一も少けぬれば、これさらに不可なり。これによって極楽に生ぜんと欲わん人は、全く三心を具足すべきなり[8]。

「三心」は行者が必ずそなえるべき心の構えであり、このうちの一つでも欠ければ往生は叶わない――これが法然の基本的な立場であった。ただし、これは『選択本願念仏集』という、九条兼実（源頼朝のもとで摂政・関白の地位にあり、失脚ののち法然に深く帰依したことは広く知られている）の求めに応じて浄土宗の教義を集大成した最も厳密な理論書における公的な立場であり、実際の法然は、その「凡夫往生」の理念の徹底と庶民に寄り添う実践の中で柔軟な解釈をしたのだが、その点は今は措く。ここでは「三心」を具足することが、易行たる称名念仏が要求する唯一の条件であったことを確認しておこう。

ところが、法然の直弟子たる親鸞は、「他力」の教えを深める過程においてこの条件を独自の仕方で解消する。すでに見てきたとおり、親鸞は『観無量寿経』に言う「至誠心」「深心」「廻向発願心」が『無量寿経』第十八願における「至心」「信楽」「欲生（我国）」と同一であると解釈したうえで、親鸞はこのいずれもが阿弥陀仏が衆生に「廻施」したまうものだと説き、かつ、その「如来よりたまはりたる信心」（『歎異抄』[9]）から発して衆生が修す行もまた、行者がみずからの力によって行なうものではなく、同じく「如来」が「廻施」したまう行であり、したがって自力によっては不可能な行、すなわち「不廻向の行[10]」であると説いたのだった——「もしは行、もしは信、一事として阿弥陀如来の清浄願心の廻向成就したまふところにあらざることあることなし[11]」。親鸞において、衆生がそなえるべき信の心、修すべき行のいずれもが「如来」による施し、「他力」による贈与であり、衆生にできるのはただそれを納め取ることだけなのであった。ここには、「他力」の絶対化の一つの究極がある。

　だが、一遍は親鸞とも異なる解釈をする。その思考の手続は、第一に法然・親鸞と同様に自力を「他力」の名において斥けることに存する——

> 自力のとき我執憍慢《がしふけうまん》の心はおこるなり。其故《そのゆゑ》は、わがごとく心得、わがごとく行じて生死を離るべしとおもふゆゑに、智恵もすゝみ行もすゝめば、われ程の智者、われ程の行者はあるまじと思ふて、身をあげ人をくだすなり。他力称名に帰しぬれば、憍慢なく卑下なし。其故は、身心を放下《はうげ》して無我無人の法に帰しぬれば、自他彼此《ひし》の人我《にんが》なし[12]。

往生の得否は彼此の流儀によらず、本願の名号を二心《にしん》なく、わが決定往生の行とおもひ取て、申と申さゞるにあり。自力・他力、三心の具不具は学生《がくしやう》の異義なれば、何《いづ》れを正義とし、何れを邪義と判ずべからず。(13)

この二つのくだりは、理解されやすいだろう。「自力のとき」、人には「我執」の心と「憍慢」＝おごりと慢心が起こり、自分の思うがままに教えを身につけ、思うがままに修行して「生死」の迷いを離れようとするから、智恵と修行の深まりとともに、自分ほどの智者・行者はおるまいと思い込んで、傲慢に他人を見下すことになる。しかし、「他力称名」に帰依すれば、憍慢することも卑下することもなくなる。なぜなら、身も心も捨て去って「無我無人」の教えに帰すれば、自己と他者・彼の人此の人を分別する自我がなくなるからである――最初の引用はそう語る。そしてつぎの引用は言う――往生の可否はあれこれの流儀によるものではなく、「本願の名号」を疑心なく自分の往生が定まる行だと信じて称えるか否かにかかっている。自力か他力か、三心を具足しているか否かを言うのは、学僧によって異なる論理にすぎないのだから、どれが正しくどれが誤っているなどと思量判断すべきではない。ここで一遍は、自力と他力を比較し、前者の慢心を戒めたうえで、しかし「本願の名号」を一心に称えれば、自力／他力の差異や「三心」をそなえているか否かという区別そのものが無意味になる、と述べている。そのかぎりにおいて、ここでの一遍の論理は法然・親鸞のそれからさほど遠くないようにも映る。

だが、一遍の思考はここにとどまらない。それは「他力」の絶対化へとしだいに速度と強度を増していく。たとえば、つぎのくだり――

世の人おもへらく、「自力他力を分別《ふんべつ》して、我体をあらせて、われ他力にすがりて往生すべし」と云々。此義しからず。自力他力は初門の事なり。自他の位を打捨て、唯一念仏になるを他力といふなり。(14)

三心といふは名号なり。このゆゑに、「至心信楽欲生我国」を「称我名号」と釈せり。故に、称名するほかに三心はなきものなり。(15)

世の中の人は一般に、「自力と他力を「分別」したうえで、自分を失うことなく、他力にすがって往生しよう」などと考えるが、これは愚かな誤りである。自力／他力を二項対立において把握し、後者に優越的価値があると信じて、後者を自由に選択できると考えるような態度、すなわち、自力／他力をそのような概念的差異としてしか把握しないのは「初門の事」＝浄土門に疎い初心の者が言うことである。そうではなく、階層秩序化する二項対立を滅して、ただ念仏一つに「なる」ことこそが「他力」の教えである――一遍はそう言っている。そして、そのような絶対性において念仏が生きられるとき、もはやそこにはいかなる前提条件もなくなる。念仏行者が前提としてそなえるべき「三心」は、そのまま「名号」と等号で結ばれることになり、善導が『無量寿経』第十八願中の「至心信楽欲生我国」(至心に信楽して我が国に生ぜんと欲す)を「称我名号」(＝我が名号(阿弥陀仏）を称えること」と解釈したように、称名念仏することと別に「三心」があるわけではない。前提条件と思われた「三心」は、すでに念仏という行ないのうちに含まれているのだ――これが一遍の言わんとするところである。

「他力」を絶対化し、したがって称名念仏による往生からあらゆる前提条件を消し去っていく一遍の思考は徹底している。第一に、往生の前提に道徳的価値判断を持ち込む常識が厳しく問い質される。その断言は、法然・親鸞以上に鋭く響く――

> 善悪《ぜんなく》の二道は機の品なり。顚倒虚仮《でんだうこけ》の法なり。名号は善悪の二機を摂する真実の法なり。皆人善悪にとゞまりて、真実南無阿弥陀仏を決定往生と信ずる人まれなり。(16)

善悪の二つの道を条件として考えるのは、衆生の側の習慣に過ぎず、「顚倒虚仮の法」＝倒錯した偽りの道理である。南無阿弥陀仏という名号は、善悪を区別せず、二つの機根を包摂する「真実の法」であるのに、道徳的価値判断にとらわれて、ただ称名念仏によって往生が定まることを信じられる人のなんと少ないことか……。

だが第二に注目すべきは、「信」をめぐる一遍の論理である。親鸞と同様に一遍もまた、「信」を得ることがそもそも衆生にとって困難であることを知り尽くしている。親鸞は、その「信」を阿弥陀仏が「廻施」するものだと説くことで、衆生からの問いに応えた。一遍はどうか――

決定往生《けつぢやう》の信たゝずとて、人毎《ひとごと》になげくは、いはれなき事なり。凡夫の心には決定なし。決定は名号なり。しかれば、決定往生の信たゝず共《とも》、口に任《まか》せて称名せば往生すべきなり。〔…〕我心を打捨て一向《いつかう》に名号によりて往生すと心得《う》れば、やがて決定の心はおこるなり。是を決定の信たつといふなり。(17)

決定といふは名号なり。わが身わが心は不定なり。このゆゑに、身は無常遷流《せんる》の形なれば念々生滅《しやうめつ》す。心は妄念なれば虚妄《こまう》なり。頼むべからず。南無阿弥陀仏。(18)

名号に心をいるゝとも、心に名号をいるべからず。〔…〕名号は信ずるも信ぜざるも、唱ふれば他力不思議の力にて往生す。自力我執の心を以て、とかくもてあつかふべからず。(19)

「決定往生」＝必ず浄土に生まれることができるという信がもてないと言って、どの人も嘆くが、これは無意味なことだ。凡夫の心にはそもそも「決定《けつじよう》」などない。「決定」する力は名号にあるのだ。そうであるからには、「決定往生」という信がもてなくても、口にまかせて仏の名を称えれば往生できるのである。自分の心を思い切って捨て、ただひたすら名号によってのみ往生できるのだと理解すれば、ただちに「決定」の心は起きる。これを「決定」の信が立つというのである――往生を「決定」する力は名号にある。我が身と心は定まることがない。それゆえ、身体は無常に移り変わる形なのだから時々刻々と生滅を繰り返す。心は真理に反した迷いなのだから虚妄である。頼みにすべきではない——名号に心を入れても、心のうちに名号を引き入れてはならない。〔…〕名号はこれを信ずる人も信じない人も、となえれば他力の不思議な力によって往生する。自力と我執の心によって、あれこれ問題にしてはならない……。

ここでは二つのことが、というよりも、同じ一つのことが二つの側から言われている。すなわち、一方で衆生の側にそくして、「決定往生の信」を起こすことは凡夫たる衆生にはそもそもできないことであり、その力はひとえに名号のうちにあるのだから、信／不信にかかわらず、衆生は称名することによって「信」を得て往生が決定するということ、そして他方で阿弥陀仏の側にそくして、往生はただ阿弥陀仏の「他力不思議の力」のみが可能にするのであり、「無常遷流」の身と「虚妄」の心をもつに過ぎない衆生はみずからを頼みにすべきではなく、往生の可否にはその衆生の自力によるはたらきかけは一切関与的でないということ——「決定といふは名号なり」という一句は、この二つにして一つの事柄を表現している。

私たちは先に、親鸞における「信」が「他力」＝「自然《じねん》」のはたらきの必然への内在を意味すること、そして「他力」の「おのずから」「しからしむ」生成の必然のうちには衆生の自由意志が介在する余地がないことを見てきた。一遍がここで言語化しているのもまた、親鸞と同じ意味における、そして別種の射程をそなえた阿弥陀仏という「他力」の必然性という様相であり、「他力」のはたらきに内在する衆生における自由意志の滅却であると言える。

往生の行における自力の意志、すなわち、衆生の意志の自由な行使という幻想を斥ける際に、一遍はまず、衆生の心が「妄念」であり、その「妄執顛倒の心」を根拠にして善悪を区別し、「生死を離れ」ようとすることが不適切であることを強調する――

生死《しやうじ》といふは妄念なり。妄執煩悩《まうしふぼんなう》は実体なし。然《しかる》を、此妄執顛倒《てんだう》の心を本《もと》として、善悪《ぜんなく》を分別する念想を以て生死を離れんとする事、いはれなしと、常におもふべし。念は出離《しゆつり》の障《さは》りなり。[20]

そして、「至誠心」という概念を理解するとき、これまで一般に行なわれてきたように、それを衆生が称名念仏の条件としてそなえるべき「真実の心」だと解釈すべきではない、と一遍は言う。一遍によれば、「是則《これすなはち》弥陀を真実といふ意」なのである――

是則弥陀を真実といふ意なり。我妄分《わがまうぶん》の心よりおこす真実の心にはあらず。凡情《ぼんじやう》を以て識《しき》量《りやう》する法は、惣《さう》じて皆まことなし。所以《このゆゑ》に能縁《のうえん》の心《しん》はさながら、虚妄不真実のゆへなり。かるがゆゑに、名号ばかりを真実といふ。[21]

衆生の心が妄念であり、その煩悩に実体がなく、真実は仏のうちにのみあるという思考は、大乗仏教の教義が根本とするところであり、その諸宗派に広く共有されている考え方ではある。持戒と自力念仏を本義とする天台宗はもとより、鎌倉新仏教においても、参禅（のちには禅問答）による自己究明を旨とする栄西の臨済宗、「只管打坐《しかんたざ》」による身心脱落を目指す道元の曹洞宗、さらには浄土教と禅の双方への激しい批判者であった法華経に準拠する日蓮の法華宗＝日蓮宗のいずれも、この自己の意志から発する修行をとおした煩悩からの覚醒と離脱という理念を分かち持っている。みずからの主体的意志による修行とその結果としての妄念・煩悩からの自由という理路は、どの宗派においても根幹をなしているのである。

しかし、一遍が「心」を「虚妄」として斥けるとき、それはより良い「心」の状態ないし位階を目指す努力の必要を説いているわけではなく、「心」の自由な振る舞いを肯定しているわけでもない。そうではなく、衆生の「心」が恣意的な自由の様相にあるとき、それは無益であり、結局は無力であると一遍は考えているのだ――

仍《よっ》て、身のよしあしをえらばず、心のすみすまざるを論ぜず、唯南無阿弥陀仏と唱て、取捨の分別なければ、彼証者《かのしょうじゃ》の修行に同《おなじく》して往生を遂《とぐ》るなり。このゆゑに、いかなる心は相応《さうおう》すべし、いかなる心は相応すべからずとおもふ心は、不思議の本願に相違する故に、露ばかりも心《しん》品《ぼん》のさばくりせん程は、他力に帰したりとおもふべからず。(22)

心身の善悪・清濁にかかわらず称名せよ、その取捨の区別なき行は彼の法蔵菩薩の修行と同じだから必ず往生を遂げる。それゆえ、どんな心が往生にふさわしくどんな心がふさわしくないかなどと考えるのは、阿弥陀仏の「不思議の本願」に反することになる。わずかでも心で思量しているうちは、他力に帰依していると考えてはならないのだ――ここには、親鸞におけるのと同じ、だがさらに純化された意志の自由への戒めがある。現代の常識は「心品」が「さばく」る余地、すなわち、意志が思いのままにはたらき、物事を思量・判断し処理する可能性が大きいほど、人は自由だと考える。そして、その意志の自由を最優先とし、それに最大の価値を置くことが社会にとっての善であり、あるべきモラルだと人は考える。だがしかし、スピノザにそくして見てきたように、そこにあるのは人間精神に根深く棲みついた超越への欲望にほかならず、その欲望の発露は悪しき人間中心主義に帰結するほかない。「自然《じねん》」=「自然《しぜん》」の必然への内在からみずからを仮定的に切り離し、その意志の自由を恣意的に行使した結果が、現在、地球環境から私たちが受けている災禍である。

それゆえに一遍は、「心品」が「さばく」るがままにすることを戒めるにとどまらない。つぎのように言うとき、一遍はなにを考えているか——

全く往生は義によらず、名号によるなり。たとひ法師が勧むる名号を信じたるは往生せじと心には思ふとも、念仏申さば往生すべし。いかなるえせ義を口にいふとも、心に思ふとも、名号は義によらず、心によらざる法なれば、称すれば決定往生すると信じたるなり。(23)

恐るべき断言だ。人がたとえ「一遍の勧める名号などを信じたら往生できまい」と心に思ったとしても、念仏を称すれば往生する。どんな贋の論理を口にし心に思おうとも、名号は論理に拠らず、心にも拠らない法であるから、称えれば必ず往生する、そう私は信じているのだ——一遍がこう告げるとき、ここで斥けられているのは、すでに「心品」のはたらきだけではない。ここでは「義」

が、すなわち人間の思考の論理そして解釈が、まるごと斥けられている。あたかも、それが人間のものであるかぎり、どんな「義」も根拠たり得ないとでも言うかのように。

「一切を捨離すべし」という一遍の命法は、かくして人間的思考の論理そのものの破棄へと帰結した。だが、それでは、私たちの手許には論理なき地平、無人の荒涼たる論理の砂漠だけが残ったのか。いや、そうではない。「義なきを義とす」という「他力」の非‐論理は、ある未聞の反‐思考の革命的地平を拓く。それはいったいどのような地平であるのか。

（二）名号の力——弁証法を消尽する、あるいは決定不可能なるもの

人間的思考の論理そのものの破棄と言った。その場合、「人間的思考」の「論理」とはなにか。私たちの思考の習慣、その常識＝共通感覚を構成している論理とは、いったいなにを指しているのか。

弁証法とその消尽——一遍の思考の実践をそのように要約することができるだろう。実際、称名念仏とその結果としての往生、あるいは名号とそれが約束する往生との関係は、一遍において、一般に想像されるような因果関係として位置づけられておらず、そこにはたらいているのはたんなる演繹の論理ではない。その代わりに見出されるのは、まさしく非‐人間的と言うほかない論理である。

まず指摘しておかねばならないのは、一遍による名号概念の刷新である。一般に称名念仏とは、衆生が阿弥陀仏の名を称え、阿弥陀仏への帰依を誓い、その結果、阿弥陀仏に迎え入れられ、浄土

へと生まれるという一連のプロセスを指す。これは、法然・親鸞においても原則的に変わらない解釈であった。しかし、一遍はこの解釈に根本的な変更を迫る。たとえば、つぎのくだり――

> 本願といふは名号なり。しかれば、至誠・深心の二心は、衆生の身心《しんじん》の二を捨て、他力の名号に帰する姿なり。廻向といふは自力我執の時の所善と、名号所具の善と一味するとき、能帰《のうき》所帰《しょき》一体となりて、南無阿弥陀仏とあらはるゝなり。此うへは、上の三心は即施《そくせ》即廃《そくはい》して、独一の南無阿弥陀仏なり。(24)

一遍において、「至誠心」「深心」「廻向発願心」の「三心」が称名念仏の前提条件ではなく、念仏と等号で結ばれるもの、つまり、念仏のひと声と同時に発生する衆生の善根であることは先に見ておいたとおりである。その考え方のうえに、ここではさらにその発生の場面が微細に分析され記述されている。読まれるとおり、衆生が「自力」を頼み「我執」にとらわれたままで積んだ善を「廻向」すると、それは名号がもともとそなえている善と一つになる。そのとき、「能帰」＝帰依する衆生と「所帰」＝帰依される阿弥陀仏が「一体」となって、「南無阿弥陀仏」という名号として現れる。そうなったからには、「三心」はどれも阿弥陀仏から施されるや否やただちに廃棄され、「独一の南無阿弥陀仏」となる――一遍の論理をたどり直せば、そのように解釈されるだろう。そしてその場合、この場面は、帰依する衆生と帰依される阿弥陀仏とが「南無阿弥陀仏」という名号において一つになる場面、すなわち、相対する二者が第三項たる名号へと止揚され一つになるという弁証法的な綜合の場面であると解釈することも、可能ではあるだろう。実際、「能帰所帰一体となりて、南無阿弥陀仏とあらはるゝなり」という一句は、そのような解釈を許すかも知れない。

だが、ここで私たちも厳密になり、一遍の論理を正確に取り出してみよう。まず、名号とは「南無阿弥陀仏」の六字のことであり、「南無」は「帰依」を意味する名詞である。したがって、名号の意味するところは「帰依‐阿弥陀仏に」である。そこから確認できるのは、ここで奇妙な逆転が起きていることだ。本来、名号は、それを称えることで衆生が阿弥陀仏への帰依を誓いつつ帰依を遂行する言語行為であり、したがって、阿弥陀仏はその言表の宛先の位置にいなければならない。阿弥陀仏は「所帰」、すなわち帰依される唯一の宛先である。ところが、ここでは衆生の「廻向」の結果、唯一の宛先たる阿弥陀仏が「帰依‐阿弥陀仏に」という言表に還元されている。つまり、まず言表があり、それが発話され、宛先へ届くという順序が反転し、宛先が発話によって言表へと送り返され、差し戻されているのである。換言するなら、ここで起きているのは弁証法的な綜合ではなく、綜合をいわば遡及的に解除する運動であり、止揚のはたらきの並列的解体と言うべき運動である。「独一の南無阿弥陀仏」とは、そのような運動性をになう言表であり、その本質は反復可能性である。

この解釈が抽象的思弁ではなく、言葉の綾に過ぎない細部を強引に拡大したものでもないことは、一遍のつぎの断章の全体を読むことで明らかとなる。一遍はそこで、阿弥陀仏と名号とのあいだの因果関係を明確に逆転させている——

念々不《ふ》捨者《しゃしゃ》といふは、南無阿弥陀仏の功能《くのう》なり。人の義には或《あるひ》は機に付《つく》といひ、或は法に付とも云《ともいひ》、何《いづ》れも偏《へん》なり。機も法も名号の功能と知《しり》ぬれば、機に付といふもたがはず、法に付といふもたがはず。其謂《そのいは》れは南無阿弥陀仏は機法不二の法なれば、名号の外に能帰《のうき》もなく、所帰《しょき》もなき故なり。[25]

この断片の冒頭の「念々不捨者」とは、善導の『観経疏』「散善義」に読まれるいわゆる「一心専念の文《もん》」、すなわち「一心専念弥陀名号　行住坐臥　不問時節久近　念々不捨者　是名正定之業　順彼仏願故」〔「一心に専ら弥陀の名号を念じて、行住坐臥に、時節の久近《くごん》を問わず、念々に捨てざる者、これを正定の業と名づく、彼の仏の本願に順ずるが故に」〕を指し、法然が専修念仏に開眼し浄土の一宗を立てる機縁となった枢要な一文として知られる。一遍によれば、この「念々に捨てざる」ということは南無阿弥陀仏という名号の作用である。この「念々に捨てざる」作用を、ある人の論理は「機」＝衆生にそなわっているものだと言い、ある人は「法」＝阿弥陀仏にそなわっているものだと言うが、そのいずれも偏った見かたである。「機」＝衆生も「法」＝阿弥陀仏も名号の作用の結果だと認識すれば、その作用が「機」＝衆生にそなわっていると言っても「法」＝阿弥陀仏にそなわっていると言っても間違いではない。そう言うのは、南無阿弥陀仏は「機法不二の法」＝衆生と阿弥陀仏が一体であるという真理なのだから、名号の外に帰依する衆生も帰依される阿弥陀仏もいないがゆえになのである――これが、一遍の立論である。

南無阿弥陀仏という名号が「機法不二の法」であり、名号の外に能帰も所帰もないとは、いったいなにを意味するか。それは、名号という一つの言表こそが作動因であり、衆生も阿弥陀仏もその言表作用の効果だということにほかならない。これは、称名念仏という行の概念の根本的変革であり、阿弥陀仏と衆生の関係の決定的な組み換えである。これまで私たちが信憑してきた〈帰依する衆生－帰依される阿弥陀仏〉という最小限の図式さえも解体し、その位階を廃絶し、衆生と阿弥陀仏の双方を名号という言表の効果、名号という言表から発生してくるなにかと見なすこと――それは、なにものをも起源や第一原因とせず、すべてを生成変化において認識することである。自然《じねん》のはたらきである阿弥陀仏がスピノザ的意味における「実体」であり「内在的原因」と見なし得ることは、すでに言った。そして、スピノザにおいて、すべてはその唯一の実体の様態化であり変様であると考えられていることは見てきたとおりである。しかしそのことは、「実体」が万物の起源あるいは帰結であるなどということを意味しているのではない。たしかにスピノザは「実体は本性上その変様に先立つ」（『エチカ』第一部「定理一」[26]）と書いている。しかし、これは「本性上」「先立つ」こと、換言するなら、『エチカ』において「定義」と「公理」から証明される「定理」という論理構成上「先立つ」ことを表現しているのであり、現に存在するこの世界において、「能産的自然」たる唯一の「実体」としての「神」はつねに様態的変様のプロセスをなし、したがってそこには目的論的秩序はない。一遍が「南無阿弥陀仏」は「機法不二の法」だというテーゼによって指し示そうとしているのも、これと同じ事態である。すなわち、称名念仏という言表作用こそが衆生を生成させ、称名念仏という言表作用こそが、阿弥陀仏を仮定されがちな第一原因という幻想から解き放ち、「能産的自然」の生成へと立ち返らせるのだ。一遍は、つぎのようにも書いている――

南無とは十方衆生の機、阿弥陀とは法なり、仏とは能覚《のうかく》の人《にん》なり。六字をしばらく機・法・覚の三字に開《かい》して、終《つひ》に三重《さんぢう》が一体となるなり。然《しかれ》ば、名号の外に能帰の衆生もなく、所帰の法もなく、能覚の人もなきなり。是則《これすなはち》、自力他力を絶し、機法を絶する所を、南無阿弥陀仏といへり。(27)

「機」＝衆生、「法」＝阿弥陀仏、そしてここでは「仏」＝仏法の真理に目覚めた人が加わっているが、名号の外にこの三つの概念があるわけではない。この三者はいずれも名号を称えるという言表作用の効果として生成してくるのであり、その三者の区別が生成において消滅するところ、自力／他力、機／法の概念的対立措定が廃絶され、識別不可能と化す帯域こそが「南無阿弥陀仏」と呼ばれているのである。

ところで、弁証法的な対立措定を「絶する」この生成を、一遍もまた「自然《じねん》」と名づけ、「他力」のはたらきを明確化するために用いているが、しかし、そこには親鸞におけるそれ以上の過剰なまでの思考の負荷がかけられている。一遍における「自然《じねん》」とはなにか——

所詮《しょせん》、罪功徳《ざいくどく》の沙汰をせずして、なまさがしき智恵を打捨て、身命ををしまず、偏《ひとへ》に称名するより外は、余《よ》の沙汰あるべからず。身命をすつるといふは、南無阿弥陀仏が自性自然《じしやうじねん》に身命

を捨《すて》、三界《さんがい》をはなるゝすがたなり。(28)

我執をすて南無阿弥陀仏と独一《どくいつ》なるを、一心不乱といふなり。されば、念々の称名は、念仏が念仏を申《まうす》なり。然《しかる》を、わがよく心得、わがよく念仏申て、往生せんとおもふは、自力我執が失せざるなり。往生すべからず。念不念《ねんふねん》・作意不作意《さいふさい》、惣《そう》じて、わが分にいろはず、唯一念仏なるを一向専念《いっかうせんねん》といふ。(29)

二つの引用文において、ともに称名念仏の前提としての「他力」の心があらためて、そしていっそう強く要請されていることは、比較的見やすい。「捨て聖」たる一遍にとって、捨てるべきはなによりもまず、みずからの罪業が深いか否か、功徳を積んだか否かをあれこれ問う態度であり、半端な小賢しい智恵であり、自分は教えをよく理解し正しく念仏を称えて往生するのだと思いあがるような「自力我執」を消し去っていない心である。だから、そうではなく、「身命」を惜しまず、「我執」を捨て「一心不乱」の境地で「南無阿弥陀仏と独一」に「なる」こと、思量しようがしまいが意志をはたらかせようがはたらかせまいが、総じて自分の力を関与させずに、ただ念仏一つに「な」りきって「一向専念」すること、それこそが念仏行者のあるべき姿なのである——ここには、一遍における「他力」の念仏が鮮明に描き出されている。

だが、二つの引用は驚くべき文言を含んでいる。「身命をすつるといふは、南無阿弥陀仏が自性自然に身命を捨、三界をはなるゝすがたなり」とは、いったいどんな場面か。「されば、念々の称名は、念仏が念仏を申なり」とは、いったいどんな出来事か。「一切を捨離すべし」と一遍が言うとき、その捨離する主体ないし行為体として想定されているのは本来、衆生である。ところが、ここで一遍の命法に応じて「身命をすつる」主体ないし行為体は、すでに衆生＝人間ではなく、「南無阿弥陀仏」という名号それ自体である。すなわち、「自然《じねん》」である阿弥陀仏への帰依そのものが「自性自然」のうちに自己放擲することがここでは要請され、かつ言表化されているのだ。すなわち「自然《じねん》」の「自然《じねん》」における反復、つまりは「自然」の累乗〔puissance〕としての純粋なる力能〔puissance〕の意志。そして、その同じ力能の反復の別の様態が「念仏が念仏を申なり」である。ここでも、念仏を称え、阿弥陀仏への帰依を遂行的に誓うのは、すでに衆生＝人間ではない。「南無阿弥陀仏」という言表が、その同じ言表を行為体として再－言表化され、累乗されるというこの事態。したがって、ここにあるのは同じ一つの力能の無限に開かれた反復であり、つまりは永劫回帰の時刻にほかならない。このような場面と出来事について、ドゥルーズはつぎのように書いている——

永劫回帰は「同一なるもの」を還帰させるのではない。そうではなく、還帰することが構成するのは、生成するものの唯一の〈同一なるもの〉である。還帰すること、それは生成することそれ自体が同一的に－なることなのだ。還帰することは、したがって唯一の同一性、しかし、第二の力能としての同一性であり、差異の同一性、異なるものについて、それも異なるもののまわりを回転する異なるものについて告げられる同一的なるものなのである。差異によって産

出されるこのような同一性は、「反復」として規定される。(30)

永劫回帰は肯定する力能である。だが、それは多様なるものすべて、異なるもののすべて、偶然のすべてを肯定するのだ――〈一者〉に、〈同一なるもの〉に、必然性にそれらを服従させるものを除いて、つまりは〈一者〉を、〈同一なるもの〉そして〈必然的なるもの〉を除いて。〔…〕

永劫回帰における反復は、二つの規定作用を排除する。すなわち、服従を強いるある概念の〈同一なるもの〉あるいは同一性を、そして反復されたものを〈同一なるもの〉へふたたび結びつけ服従を保証する、そんな条件のそなえている否定的なるものを。永劫回帰における反復が排除するのは、概念に等しく‐なること、あるいは概念に似たものに‐なることであり、同時に、そのような生成の切捨てられた条件である。反復が関わっているのは反対に、過剰なるシステムの数々であり、それらは異なるものを異なるものに結びつけ、多様なるものを多様なるものに、偶然的なるものを偶然的なるものに結びつけるのだ――それも、さまざまな定位された問いおよび下された決定とつねに外延をともにする断言の数々からなる総体の中で。(31)

阿弥陀仏と衆生との関係を、相対的な二項性から生成する同一なるものへ変換すること。すなわち、帰依するもの/帰依されるもの、行為の主体/行為の客体という相対立する関係から二者の概念を解放し変容させること。そして称名念仏を二者の概念的対立が止揚され、綜合される契機と見なすのではなく、反対に、称名念仏という言表作用を作動因と見なし、その言表作用から衆生と阿弥陀仏が発生すると見なす、それも、反復されるその言表作用において衆生と阿弥陀仏が永劫回帰の時刻のただなかで、その力能によってそのつど新たに肯定され、そのつど新たに生成を遂げると見なすこと――これこそが、「南無阿弥陀仏が自性自然に身命を捨、三界をはなるゝすがた」という言葉、そして「念々の称名は、念仏が念仏を申なり」という言葉によって、一遍が表現している思考の核心にある原理である。そこにあるのは、まさしく私たちの常識＝共通感覚を超えた別種の論理であり、しかしそれは、その強度と速度によって、確かに私たちの思考に刷新を迫るリアルな論理である。

そして、この論理は最終的に、私たちの思考の限界、その知によって領土化された内部性の思考の限界を突破する。その場面は、つぎのように言語化されている――

念仏の下地《したぢ》を造る事なかれ。惣じて、行ずる風情《ふぜい》も往生せず、声の風情も往生せず、身の振《ふる》舞《まひ》も往生せず、心の持様《もちやう》も往生せず。南無阿弥陀仏が往生するなり。全く風情無《なき》也。(32)

「南無阿弥陀仏が往生するなり」――この断言が意味するところはなにか。念仏に前提や条件を設けてはならない。総じて、念仏する際の行の仕方によって往生するのではなく、声の出し方によって往生するのでも、身体の所作によって往生するのでも、心の構えによって往生するのでもない――これらが念仏に一切の自力の関与を認めない一遍の教えであることは、すでに見てきたところから理解される。「我執」を捨てた「独一の念仏」とは、このような念仏であるだろう。かつ、すでに一遍は、「自然《じねん》」概念を最大限に拡張し、深化させることで、往生の主体ないし行為体を衆生から「南無阿弥陀仏」という名号そのものへと変換する論理を組み立ててきた。だがしかし、ここでの一遍は「自然《じねん》」の全般化、そして称名の言表作用の効果としての衆生と阿弥陀仏の発生と生成という事態とは異なる、別のなにかを指し示していると思われる。

「南無阿弥陀仏」とはそもそもなにであったか。「帰依‐阿弥陀仏に」を意味するこの言表は、法蔵菩薩の誓願を範例として、衆生がそれを納め取り、みずから反復することにより、浄土へ往生し、最終的にみずからも法蔵菩薩と同じように仏となることを願うための言表である。阿弥陀仏に帰依することを誓いつつ、その発話によって帰依を遂行する衆生は、そのとき、法蔵菩薩の分身であり、その誓願を反復する行為体である。しかるに、法蔵菩薩の誓願＝「弥陀の本願」とはどのような構造をしているか。それがある特異な時間構造をしていることに、あらためて注意しよう。法然が『選択本願念仏集』において準拠した善導の『往生礼讃』における解釈は、つぎのとおりである――

もし我れ仏と成らんに、十方の衆生、我が名号を称すること下十声に至らんに、もし生ぜずは正覚を取らじ。かの仏、今現に世にましまして仏に成りたまえり。まさに知るべし。本誓の重願虚しからず。衆生称念すれば、必ず往生することを得、と。[33]

法蔵は、いまだ菩薩として修業中であった久遠の過去に「十方の衆生が私の名を称することわずか十回であっても、もし浄土に生まれることができなければ、私は正覚を得て仏にはならない」と誓った。その菩薩は、果てしない修行の結果、十劫の昔に「正覚」を得て、「今現に」仏と成っている。したがって、法蔵菩薩のかつての誓いがすでに実現しているのであるからには、その「名号を称する」衆生が往生を遂げることもまた、確かに約束されている。衆生の往生は、つねにすでに「決定《けつじょう》」しているのである——これが、善導に準拠しつつ法然が『無量寿経』から導き出した往生の論理である。

ここにある特異な時間構造とは、開かれた未来完了である。すなわち、一方で、法蔵菩薩が誓願を立てたとき、菩薩はいまだ仏とはなっていない。他方で、その誓願は実現し菩薩は成仏して阿弥陀仏としてすでにそこにいる。これが本願の構造であり、これが特異であるのは、ここには現在が欠けているから、すなわち、本願を信じ、その誓いを称名念仏によって反復するとき、衆生は〈いまだ〉と〈すでに〉のあいだに宙づりにされるから、つまりは、衆生が〈いまだ〉と〈すでに〉のどちらとも決定不可能な時刻に投げ込まれるからである。換言するなら、「南無阿弥陀仏」とは〈私は-仏となった-ということに-なるだろう〉という宣言を遂行的に反復することにほかならないのである。

そうだとすれば、一遍が「南無阿弥陀仏が往生するなり」と言うとき、それは、この本願の時間構造を名指し、その構造そのものが「往生」する、と告げていることになる。つまり一遍は、決定不可能性の時刻を指し示し、その決定不可能なることそれ自体を肯定しているのだ。すなわち、決定不可能命題としての念仏。『千のプラトー』の中で、ジル・ドゥルーズ＆フェリックス・ガタリはこの「決定不可能命題」について、つぎのように書いている——

この意味において、われわれが「決定不可能命題」と呼んでいるもの、それはあらゆるシステムに必然的に属する諸帰結の不確実性ではない。反対にそれは、システムが結合するものと、それ自体連結可能な逃走線の数々にしたがって絶えずシステムから逃れ去っていくものとの共存あるいは分離不可能性のことなのである。決定不可能なるものは、すぐれてさまざまな革命的決定の胚＝萌芽であり、場であるのだ。〔…〕これら決定不可能命題の数々すべてを横断して生み出されるのでないような闘争は存在せず、公理系のさまざまな結合に抗って革命的連結の数々を構築しないような闘争は存在しない(34)。

決定不可能なるものは、それを陥没点としてシステムが自壊に導かれるような否定神学的要素ではない。そうではなく、決定不可能なるものは、それが真に決定不可能であるとき、「革命的決定の胚＝萌芽」たり得る。そして、その意味において、決定不可能命題としての念仏は、それが閉じざる未来完了の時間を開き、開き続けるかぎりにおいて、かつ、反復をその本質とし、それを称える無数の衆生をたがいに結び合わせるかぎりにおいて、まさしく「革命的連結」の合言葉なのである。

私たちはこうして、一遍における論理の生成を、そして非－論理の生成をたどってきた。衆生と阿弥陀仏の対立措定を解除すること、そこに見ることが自明であるかのような弁証法を、とりわけその止揚のはたらきを解消し、「自然《じねん》」の全般化をとおしてすべてを生成変化のプロセスにおいて認識すること、称名念仏を永劫回帰の時刻において聴き取ること、そして、決定不可能命題としての念仏……。人間的論理の「一切を捨離せよ」という一遍のその声を引き受け、どこまでも鳴り響かせること――それこそが私たちに課せられた革命への命法である。

註

（1）『一遍上人全集』橘俊道・梅谷繁樹訳、春秋社、二〇一二年、一九〇頁。
（2）同書、一五四頁。
（3）同書、一九四頁。
（4）同書、六三頁。
（5）大橋俊雄『法然全集』第二巻、春秋社、一九八九年、二二九頁。
（6）同書、二三二頁。
（7）同書、二四〇‐二四一頁。
（8）同書、二五〇‐二五一頁。
（9）『浄土真宗聖典――註釈版　第二版――』浄土真宗本願寺派総合研究所編、本願寺出版社、二〇一三年、八三五頁。
（10）同書、一八六頁。
（11）同書、二二九頁。
（12）『一遍上人全集』前掲書、一六五頁。
（13）同書、一九六頁。
（14）同書、一七四‐一七五頁。

(15) 同書、一四八－一四九頁。
(16) 同書、一六九頁。
(17) 同書、一五五－一五六頁。
(18) 同書、一四八頁。
(19) 同書、一五〇頁。
(20) 同書、一四七頁。
(21) 同書、一五八頁。
(22) 同書、一九七頁。
(23) 同書、一九一頁。
(24) 同書、一五二－一五三頁。
(25) 同書、一八四頁。
(26) スピノザ『エチカ（倫理学）（上）』畠中尚志訳、岩波文庫、二〇一一年、四四頁。ただし、「変状」を「変様」に変更。
(27) 『一遍上人全集』前掲書、一五九－一六〇頁。
(28) 同書、一七一頁。
(29) 同書、一七四頁。
(30) Gilles Deleuze, *Différence et répétition*, PUF, 1968, p. 59.（ジル・ドゥルーズ『差異と反復（上）』財津理訳、河出文庫、二〇〇七年、一二二頁）。訳文は引用者による。以下同様。
(31) *Ibid.*, p. 152.（同書、三一〇―三一一頁）。強調原文。
(32) 『一遍上人全集』前掲書、一八九頁。
(33) 大橋俊雄『法然全集』第二巻、春秋社、一九八九年、一八八－一八九頁。
(34) Gilles Deleuze & Félix Guattari, *Mille Plateaux—Capitalisme et Schizophrénie*, Éd. de Minuit, 1980, pp. 590-591.（ジル・ドゥルーズ＆フェリックス・ガタリ『千のプラトー――資本主義と分裂症（下）』宇野邦一ほか訳、河出文庫、二〇一〇年、二四四－二四五頁）。強調原文。訳文は引用者による。

第Ⅲ部　大慈悲の倫理学

第一章　念仏とマイノリティ

(一) 中世被差別民と浄土の教え——親鸞における「悪人」

中世日本において、浄土の教えが果たした役割の中で最も際立った特徴は、社会的マイノリティ、とりわけ被差別の民を救済の対象としたことにある。それも、「対象」という概念はこの場合、実のところ不適切であり、ここで私たちが見ていくように、浄土の教えにとって被差別の民こそが救いの「正因」であり「縁をむすぶ」「ともがら」であった。「自然《じねん》」という「他力」のはたらきがそうであったのと同じく、被差別の民へのその教えの求心化は、法然から親鸞そして一遍へと漸進的に強度を増していく。その諸相は、いったいどのようであったか。

法然が浄土教の平安的パラダイムからの脱却を目指し、「一切衆生をして平等に往生せしめん」と宣言し凡夫往生を約束したとき、そこで前景化されたのが「悪」の問いであったことはすでに見てきた。末法の世を生きる「われら」は、戒を守り修行を積むことで「廃悪修善」することなどできはしない。だから、聖道門が求めるようなさまざまな難行を捨て、称名念仏という易行、万人に開かれている勤め易くはあるが阿弥陀仏の本願に適うがゆえに「諸仏の大悲」が勧める念仏行を選んで往生すべきなのだ、と法然は言う——

ここをもって諸仏の大慈、勧めて浄土に帰せしめたもう。たとい一形《いちぎょう》悪を造れども、ただよく意を繋けて、専精に常によく念仏せば、一切の諸障、自然に消除して、定んで往生することを得。何ぞ思量せずして、都《すべ》て去りゆく心なきや。[1]

読まれるとおり、法然は、日々の暮らしの中で破戒せざるを得ず、一生のあいだ「悪」を造らざるを得ない凡夫でさえも、念仏に専心すればすべての罪障が「自然に消滅」して必ず往生できる、と説く。その専修念仏の教えは、破戒ゆえに罪深く、その罪ゆえに「悪人」であり、往生という救いから遠く見放されていると感じている庶民を、その否定的自己意識から解放することを最優先の目的とするものであった。衆生を道徳的な裁きの審級から解放しようとする法然の思考は徹底している。その思考が最もよく表れたのが、『無量寿経』第十八願に付されたいわゆる「唯除規定」に対する法然の態度である。第十八願にはどう書かれているか――「設我得仏　十方衆生　至心信楽　欲生我国　乃至十念　若不生者　不取正覚　唯除五逆誹謗正法＝たとい我れ仏を得たらんに、十方の衆生、至心に信楽して、我が国に生ぜんと欲して、ないし十念せんに、もし生ぜずんば、正覚を取らじ。唯、五逆と正法を誹謗する者を除かん」[2]。「五逆」とは、人倫や仏道に逆らう五つの極悪罪を指し、「殺母《せつも》」「殺父《せつぷ》」「殺阿羅漢《せつあらかん》」〔聖者を殺すこと〕「出仏身血」〔仏身を傷つけ出血させること〕「破和合僧」〔僧侶の教団を破壊すること〕を言う。「誹謗正法」は、文字どおり「仏の正しい教法を誹謗すること」である。十方の衆生すべての往生を約束した法蔵菩薩の誓願も、「五逆誹謗正法」

だけは除くというのが、『無量寿経』原典の論理なのである。親鸞が『教行信証』の中で、この「唯除規定」に詳細な解釈を加え、この規定が極悪罪を未然に防ぐための「抑止門《おくしもん》(3)」であるとしたのはよく知られているが、それに先立って『選択本願念仏集』の法然は、つぎのように書いている――

> 下品下生《げぼんげしょう》はこれ五逆重罪の人なり。しかもよく逆罪を除滅すること、余行の堪えざるところなり。ただ念仏の力のみあって、よく重罪を滅するに堪えたり。故に極悪最下の人のために、極善最上の法を説くところなり。(4)

衆生の機根に「上品《じょうぼん》・中品《ちゅうぼん》・下品《げぼん》」の三種があり、そのそれぞれがさらに三段階に区別されるというのが浄土教の伝統的解釈であるわけだが、その最下等に位置する「下品下生」は「五逆」という重罪を犯した人である。唯一「念仏の力」だけがその重罪を滅することができるのであり、これは他の行の力の及ばないところである、と法然はここで言っている。まさに「極悪最下の人」のためにこそ、称名念仏という「極善最上の法」はあるのである。

かくして、「罪」を滅し、したがって「悪」という道徳的反省意識から衆生を解放することに法然の教えの中心があったことが、この凝縮力のあるくだりからもあらためて確かめられるわけだが、その一方で、法然における「悪」が、煩悩具足の凡夫、すなわち、末法の時代を生きるすでに「戒《かい》定恵《じょうえ》の三学の器」にない「我等ごとき(5)」のいわば類的本質ないし一般的本質を指す概念であることにも留意しなければならない。浄土の教えを天台宗的な精神的－肉体的特権主義から排除された庶民へと押し拡げるために、法然は往生を能うかぎり無条件化し、その機根として「悪」を、「悪人」を積極的に包摂した。それはいわば、称名念仏をとおして法然が実行する階級闘争におけるその主体たる衆生＝人民を名指す名であり、したがっていまだ一般的概念にとどまっている。

これは、法然の限界云々を意味することではまったくない。法然は、その専修念仏の教えによって浄土教に後退不可能な大転換を引き起こしたという意味で、まぎれもない革命的宗教者であったし、その思考が顕在的・潜在的に可能にした変革の地平は限りなく広く、また深い。そして、まさにその変革の地平を最もラディカルに生きたのが親鸞であり、その親鸞において、浄土の教えにおける「悪」と「悪人」は、概念の一般性を離れて血肉化され、したがっていっそう実践的な力を帯びることになるのである。

親鸞の残した教えの中で、「悪人正機説」ほど人口に膾炙したものはないだろう。これは一般に、法然による「罪人ナホムマル、イハムヤ善人オヤ」[6]という一句を、親鸞が「善人なほもつて往生をとぐ。いはんや悪人をや」[7]へと転倒させたものであり、その意味するところは〈みずからの「悪」を自覚していない自力の善人が往生するのだから、まして「悪」の自覚をもつがゆえに他力を頼む人ならば往生できる〉ことだと理解されている。つまり、末法の世に生きる自分がどのような存在であるかを認識している人こそが往生の正しい機根であり、阿弥陀仏の救済力はそのような衆生こそを本来的対象とするのだということを、親鸞が善悪と往生の可否との常識的因果関係の逆転をとおして強調したというのが通念的解釈である。そして、その場合、親鸞は法然と異なることを述べているわけではなく、親鸞の言葉は法然の一句の逆説的表現であることになる。事実、法然が述べた、たとえばつぎのような一節がある――

それ念仏往生は、十悪・五逆をえらばず、迎摂するに十声・一声をもてす。聖道諸宗の成仏は、上根・上智をもと丶するゆへに、声聞・菩薩を機とす。しかるに世すでに末法になり、人みな悪人なり。はやく修しがたき教を学せんよりは、行じやすき弥陀の名号をとなへて、このたび生死の家をいづべき也(8)。

だがしかし、これははたして同じ事柄か。親鸞は、法然と同じ時代意識を逆説によって表現しただけなのか。二人は、阿弥陀仏の同じ普遍的救済力を別の角度から言い表しているだけなのだろうか。否、親鸞が「悪人」と言うとき、そこで指し示されているのは、同時代の衆生の一般的本質ではない。それは明確に特定される社会の一階層、一つの集合体を指していると思われる。

まず、「悪人正機説」を語っていると言われる名高い一節の全体を見ておこう。『歎異抄』第三章において、弟子・唯円はつぎのように証言している――

善人なほもつて往生をとぐ。いはんや悪人をや。しかるに世のひとつねにいはく、「悪人なほ往生す。いかにいはんや善人をや」。この条《じょう》、一旦《いったん》そのいはれあるに似たれども、本願他力の意趣にそむけり。そのゆゑは、自力作善《じりきさぜん》のひとは、ひとへに他力をたのむこころかけたるあひだ、弥陀の本願にあらず。しかれども、自力のこころをひるがへして、他力をたのみたてまつれば、真実報土の往生をとぐるなり。煩悩具足のわれらは、いづれの行にても生死をはなるることあるべからざるを、あはれみたまひて願をおこしたまふ本意、悪人成仏のためなれば、他力をたのみたてまつる悪人、もつとも往生の正因《しょういん》なり。よつて善人だに往生すれ、まして悪人はと、仰せ候《おおせそうら》ひき。（9）

なるほど、ここでは先に見た法然の一句の転倒がなにを意味しているかが説かれているように映る。唯円は親鸞の言葉を想起して言う――「悪人でさえ往生するのだから、まして善人は往生する」というくだりは、一応道理があるかに思われるけれども、本願他力の趣旨に背いています。なぜなら、自力作善の人は、ひたすら他力を頼む心が欠けているので、阿弥陀仏の本願のむかうところではないからです。しかし、自力の心を翻して他力をお頼みすれば、真実の浄土へ往生を遂げることができます。煩悩に縛られた私たちは、どんな修行を積んでも生死の迷いの世界から離れることができませんが、そのことを憐れんで誓願をおこしてくださった阿弥陀仏のもともとの意図は、悪人を成仏させることにあるのですから、他力をお頼みする悪人こそが、本来の往生の正因なのです。それゆえに「善人ですら往生するのに、ましてや悪人が往生しないわけがあろうか」と言うのです、そう聖人はおっしゃられました……。

だが、『歎異抄』の各章を有機的に連関させて読むとき、親鸞が「悪」と言うとき、そこで想定されているのが衆生の一般的本質である以上に、具体的で現実的な個々の事例であることが浮かびあがってくる。第十三章の中には、つぎのようなくだりが読まれる——

まつたく悪は往生のさはりたるべしとにはあらず。持戒持律にてのみ本願を信ずべくは、われらいかでか生死をはなるべきやと。かかるあさましき身も、本願にあいたてまつりてこそ、げにほこられ候へ。さればとて、身にそなへざらん悪業は、よもつくられ候はじものを。また、「海・河に網をひき、釣りをして、世をわたるものも、野山にししをかり、鳥をとりて、いのちをつぐともがらも、商ひをし、田畠をつくりて過ぐるひとも、ただおなじことなり」[10]と。

この章は、冒頭近くにある「よきこころのおこるも、宿善のもよほすゆゑなり。悪事のおもはれせらるるも、悪業のはからふゆゑなり[11]」という言葉から、そして引用の直後にくる「さるべき業縁のもよほさば、いかなるふるまひもすべし[12]」という言葉から、宿業論、すなわち、現世における私たちのすべての行為・身分は前世における業によって決定されている、という仏教における伝統的思考を親鸞もまた肯定している章だと理解されることがしばしばあった。そこから、ここに挙げられた漁労の民、狩猟の民、商人、農耕の民という、この当時、社会の最下層に属し劣位に置かれた人々も、そのような地位にあること自体が前世の「悪業」の結果であり、避けがたい運命であることがここでは言われていると見なす、そんな解釈が多数導き出された。しかし、それはまったく皮相な見方による誤読である。親鸞はまず、私たち衆生がつくる「悪」がいささかも往生の妨げにはならないと断言する。そして——戒を守り身を律することのみが本願を信ずる条件となるならば、私たちのような者がどうして生死の迷いの世界を離れることができるでしょうか。このような浅ましい身も、阿弥陀仏の本願に出遭うことによってこそ、まことに誇らしく甘えることができるのです。しかし、だからといって、我が身にそなわっていない悪業は、けっしてつくられることはありません。「海や河で網を引き、釣りをして世を渡っていく人も、野山で鹿や猪を狩り、鳥を獲って命をつなぐ人々も、商いをし、田畑を耕して日々を過ごす人も、同じことなのです」、そう聖人はおっしゃいました……。

つまり、親鸞の「同じことなのです」、すなわち、原文の「ただおなじことなり」という言葉は、衆生のつくる「悪」はどれも宿業のはたらきによるものだが、その「悪」は往生の妨げにならず、阿弥陀仏の本願力によってこそ救われるという構造の全体が「同じこと」であると告げているのであり、したがって、このくだりは宿業の不可避性をではなく、阿弥陀仏の救済力が誰にでも等しくはたらくことをこそ述べているのである。

そのことを言ったうえで、親鸞がここで「悪」という属性をそなえた衆生の実例として漁労の民、狩猟の民、商人、農耕の民を名指している点に、強く留意する必要がある。それは、この職能者たちが、今日私たちが考えるような価値中立的存在ではなく、はっきりと差別される存在、被差別の民として蔑まれ、嫌悪され、排除された人々であったからだ。先に私たちは、『唯信鈔文意』における親鸞による法照禅師『五会法事讃』中の一節の解釈を参照し、親鸞における類的同一性を前提としない、差異を絶対的に肯定する存在論的平等の思考を分析した（第Ⅰ部第二章第一節）。その一部をあらためて確認しよう――

　自力のこころをすつといふは、やうやうさまざまの大小の聖人・善悪の凡夫の、みづからが身をよしとおもふこころをすて、身をたのまず、あしきこころをかへりみず、ひとすぢに具縛《ぐばく》の凡愚《ぼんぐ》・屠沽《とこ》の下類《げるい》、無礙光仏《むげこうぶつ》の不可思議の本願、広大智慧の名号を信楽すれば、煩悩を具足しながら無上大涅槃にいたるなり。具縛はよろづの煩悩にしばられたるわれらなり。煩は身をわづらはす、悩はこころをなやますといふ。屠はよろづのいきたるものをころし、ほふるものなり、これはれふしといふものなり。沽はよろづのものをうりかふものなり、これはあき人なり。これらを下類といふなり(13)。

「具縛の凡愚」「屠沽の下類」は、いずれも元照律師『阿弥陀経義疏』の一節からの引用であり、これについて親鸞はすでに『教行信証』信巻の中で解釈を加え、説明していた――

　〈具縛の凡愚〉といふは、二惑《にわく》まつたくあるがゆゑに。〈屠沽の下類、刹那に超越《ちょうおつ》する成仏の法なり。一切世間甚難信《いっさいせけんじんなんしん》といふべきなり〉といふは、屠はいはく、殺《せっ》を宰《つかさど》る。沽はすなはち醞《うん》売《ばい》。かくのごとき悪人、ただ十念によりてすなはち超往《ちょうおう》を得、あに難信にあらずや(14)。

「屠沽の下類」――それは「海・河に網をひき、釣りをして、世をわたる」者、「野山にししをかり、鳥をとりて、いのちをつぐ」人々、すなわち「殺を宰る」＝もっぱら殺生《せっしょう》をする漁師・猟師を指し、同時に「よろづのものをうりかふ」者、とりわけ「醞売」＝酒を醸造して売る人を指す。これらを生業とする人々を蔑み、嫌悪し、劣等視することが当然であるのが親鸞の時代なのであった。そして、その差別の実態は、今日の私たちが想像する範囲をおそらくはるかに超えるものである。近代的人権概念や道徳規範が確立する以前の差別は、平等の原則から発して戒められるべき逸脱ではない。中世における差別はむしろ、規範や秩序を構築する際に社会がそれを絶えず発動することを必要としていた力であり、したがってその力は、さまざまな局面でさまざまな職能、生業、さらに人間の様態そのものにむけて作用した。なかでも、中世日本社会においては仏教の強い影響によって広まった殺生禁断思想、殺生堕地獄観のもとで、生き物を屠る職能——それは猟師・漁師のみならず、人を殺める武士から耕作中に虫類を殺す農民までを含む——が最大の「悪人」として厭われ、差別された。親鸞死去の直後、ほぼ同時代に成立した『塵袋』（一二六四－一二八八年頃）「第五」中の項目「餌取」には、つぎのように書かれている——

一、キヨメヲエタト云フハ何ナル詞バゾ。

根本ハ餌取《エトリ》ト云フベキカ。餌ト云フハシシ、ムラ、鷹等ノ餌ヲ云フナルベシ。其ヲトル物ト云フ也。エトリヲハヤクイヒテ、イヒユガメテ、エタト云ヘリ。タトトハ通音也、エトヲエタト云フナリ。エトリヲ略セル也。子細シラヌモノハラウソウトモ云フ。乞食等ノ沙門ノ形ナレドモ、其ノ行儀、僧ニモアラヌヲ濫僧《らんそう》ト名ケテ、施行《せぎやう》ヒカル丶ヲバ濫僧供《らんそうぐ》ト云フ。其レヲ非人・カタヒ・エタナド、人マジロヒモセヌ、オナジサマノモノナレバ、マギラカシテ非人ノ名ヲエタニツケタル也。ラムソウト云フベキヲラウソウト云フ、弥《いよいよ》シドケナシ。天竺ニ旃陀羅《せんだら》ト云フハ屠《ト》者《シャ》也。イキ物ヲ殺テウル、エタ体《てい》ノ悪人也。(15)

すべて問答の形式で書かれたこの語彙事典＝「類書」において、この項目も「キヨメ＝清目」――寺社で汚穢を清め、葬送や牛馬の死体処理、武具や馬具のための皮革加工、刑吏などに携わった「非人」の一種――を「エタ＝穢多」と呼ぶのはどういうわけかと問うことから始まっているが、「根本」は「餌取＝エトリ」に由来すると説明がなされている。「餌取」が鷹などの餌にするために鹿や猪などを狩って「シ丶ムラ＝宍＝獣肉」を取る者を指すこと、「エタ＝穢多」が「エトリ」の音の転訛＝短縮形であること、詳細を知らぬ人が「ラウソウ＝濫僧」とも言っているが、これは「乞食《こつじき》」など僧形をしてはいるがその振る舞いがとても僧とは言えず、それを施しの対象とすることを「濫僧供」と言うこと、非人・「カタヒ＝片居《かったい》＝癩病者」(16)・穢多などがどれも人と交わらない同じありさまをした者なので、区別せずに、非人の名（である「キヨメ」）を穢多につけるようになったこと、濫僧は「ラムソウ」と言うべきなのに人々は「ラウソウ」と言うが、これはますますいい加減だということ、そして「天竺＝インド」で「旃陀羅」というのは屠者のことであり、これは生き物を殺して売る穢多のような悪人であるということ――このような語彙の重層的意味作用の中に「穢多」という差別語があったことがこの同時代の事典から知ることができるわけだが、私たちの問いの文脈にとって重要なのは、最後のくだり、すなわち、インドにおける「旃陀羅」が「屠者」であり、生き物を殺して売りさばく「穢多」のような「悪人」だと締め括られている点である。つまり、親鸞の時代において、狩猟の民・漁労の民のような「屠者」こそが「悪人」の代表例であったという歴史的事実である。

ここから私たちはなにを導き出すべきか。親鸞が「他力をたのみたてまつる悪人、もっとも往生の正因なり」と言うとき、それは法然による「世すでに末法になり、人みな悪人なり」がそうであるような衆生の一般的本質の定式化ではない。親鸞が「悪人」と言うとき、それは彼が生きた時代における最も強く差別された衆生、彼が生きた場と環境における最も深く厭われ、排除された衆生を名指し、その差別と厭悪と排除の対象こそが「往生の正因」であると親鸞は告げているのだ。

「悪人」概念のこの変化、その一般性からいわば血肉化された特異性への変容に親鸞の現実体験が関わっていることは疑いない。いわゆる「建永の法難」（一二〇七〔建永二〕年）によって、師・法然と同時に流罪に処された親鸞は、京の都から遠く離れた二つの辺境の地に暮らした。親鸞はまず北陸・越後国に移り住み、五年目にしてようやく赦免されるが、ただちに京都へは戻らず、さらに二年間、この土地にとどまった。そののちも、京都へ帰還するかわりに親鸞は、今度は東国・常陸へ移住し、庵を結んで布教活動に専念することを選ぶ。常陸国での生活は十七年間におよび、親鸞が都へ戻るのは法難から二十七年後、一二三四〔文暦元〕年のことである。この長い遠流の生活、しかも、強いられて始まりはしたが、ある時期以降、積極的に選び取ったと思われるこの辺境の地での生活の中で、親鸞はなにを経験したか。それは庶民の暮らしの現実、それも、やせた土地を耕す農民のみならず、「海・河に網をひき、釣りをして、世をわたるもの」、「野山にししをかり、鳥をとりて、いのちをつぐともがら」、そして「商ひ」をして「過るひと」、すなわち、まさしく「屠沽の下類」であり、したがって「悪人」と呼ばれた被差別の民の暮らしの現実にほかならなかった。京の都の人々とはあまりにかけ離れたその生活の実態を前にして、おそらく親鸞は、みずからの無力を思い知ったにちがいない。たんに仏法のうえの戒を保てないがゆえに罪があり道徳的な悪の自己意識をもつのではなく、また行を修することができないがゆえに自己救済への不安を覚えるのでもなく、そもそも戒と行のなんたるかを知る以前に、その生存上の必然から「屠者」たらざるを得ず、「醞売」たらざるを得ず、したがって避けようもなく「悪」をすでに生きている、そんな人々に直面するとき、一切の啓蒙的身ぶり、一切の知的態度は無効・無意味となる。それはたしかなことだ。

だがそれゆえに、「他力」の教えが、ただそれのみが残ることもまた、たしかなことである。浄土教がなにであるかも、諸宗派間の教義の差異がどのようであるかも知る由もなく、そもそも阿弥陀仏の名さえ知ることなしに生きてきた「ゐなかのひとびと」――これは『唯信鈔文意』の末尾に置かれた、このようにして「おなじことを、たびたびとりかへしとりかへし書きつけ」たのは、人々に「やすくこころえさせん」(17)がためだと説明する一文の冒頭の言葉である――にむけて、親鸞は語ったはずだ。すなわち、ただ「阿弥陀仏」という「自然《じねん》」のはたらきがあり、それは、あなたのような人にこそはたらきかけ、あなたのような人をこそ迎え入れてくださるのです、と。事実、最晩年の親鸞による『正像末和讃』の末尾に記された「自然法爾」についての法語の中に、つぎのようなくだりがあり、そのあとには法語の趣旨を要約するような最後の和讃が添えられている――

弥陀仏の御ちかひの、もとより行者のはからひにあらずして、南無阿弥陀仏とたのませたまひて、むかへんとはからはせたまひたるによりて、行者のよからんともあしからんともおもはぬを、自然《じねん》とは申すぞとききて候ふ。(18)

よしあしの文字《もんじ》をもしらぬひとはみな
まことのこころなりけるを
善悪の字《じ》しりがほは
おほそらごとのかたちなり(19)

阿弥陀仏の本願に行者のはからう余地はない。ただ「南無阿弥陀仏」と称すれば、行者が善であろうと悪であろうと差別なしに迎え入れてくださる。それが「自然《じねん》」なのだ——法然からそう聞いていると言ったあと、親鸞は和讃でなにを告げているか。「善悪の文字」すら知らぬ人はみな「まことのこころ」をもっているのに、「善悪」の意味をさも知っているかのようなふりをする者は、およそ嘘いつわりの姿をしているにすぎない——これが、八十八歳になった親鸞の言葉である。「他力をたのみたてまつる悪人、もつとも往生の正因なり」という認識が、ここでも確かめられ、反復され、鳴り響いている。

だがそれでは、「他力」の「自然《じねん》」の作用にすべてをゆだねると言うとき、親鸞はみずから思考することを放棄しているのか。いや、そうではない。「悪人」こそが「往生の正因」であると考える親鸞は、差別された存在を肯定する緻密な思考の装置をそなえている。それはいったいどのような装置であるのか。

（二）「非人」とは誰か――排除‐包摂から生成変化へ

親鸞における「悪人」が、道徳的概念でも法的規範上の概念でもなく、中世日本社会において最も強く差別された存在の名であることを、私たちは見てきた。親鸞においてとりわけ重要なのは「屠沽の下類」、すなわち、生き物を屠る狩猟の民・漁労の民（および虫類を殺さざるを得ない農耕の民）と売り買いをする商人（特に酒を醸造して売る「醞売《うんばい》」）であり、彼らこそが「往生の正因」であるとして親鸞はその教えの中核に位置づけたわけだが、しかしそのことは、中世日本の浄土教において「屠者」と「商人」だけが救済の対象であったことを意味するものではない。親鸞は救済されるべき差別された存在のあくまでも典型として「屠沽の下類」を挙げたのであり、実際には、その救いの対象が被差別民の総体であったことは言うまでもない。

中世日本社会における被差別の民の概念は、先に私たちが参照した『塵袋』「餌取」の項目に記載されていたように、複層的に重なり合っている。同じ被差別という結果に帰着する以上、その相互的混同はいわば避けがたいことだが、この項目の筆者の主張にしたがえば、親鸞の同時代における被差別民には主に二つの区別されるカテゴリーがあった。

一方に「屠者」として括られ「悪人」として差別された存在がいる。『塵袋』に簡潔な記述があったとおり、「屠者」（「屠児」）は、古代インドにおける「旃陀羅《せんだら》＝チャンダーラ〔candāla〕」に淵源する概念であり、「ブラーフマナ＝婆羅門《ばらもん》：司祭者」「クシャトリヤ＝刹帝利《せつていり》：王族」「ヴァイシャ＝毘舎《びしゃ》・吠舎《べいしゃ》：庶民」「シュードラ＝首陀羅《しゅだら》：隷民」の四つの社会的階級＝「四姓」制度の外へ放逐された不可触民を指す（「四姓」制度は、カースト制度とは厳密には区別されるが、実際には歴史的経緯の中で混淆して機能してきた）。「獰猛な、残酷な」を意味する「チャンダ〔canda〕」に由来する名であることから理解されるように、「旃陀羅」は生き物を殺す者、屠る者であり、そこから日本中世の文脈においては「エトリ＝餌取」のような狩りをして獣肉を取る者がこの系譜に入れられ、音の転訛と相まって、不殺生戒に背くがゆえに穢れたる者、すなわち「エタ＝穢多」の概念へと変質することになった。これが、その後長く被差別の民の蔑称として用いられ、江戸時代の身分制度で固定化され、その廃止後も、しかし、今日にまでいたることは周知のとおりである。

だが他方に、本来的には「旃陀羅‐屠者‐穢多」の概念とは異なる系列があり、それが「キヨメ＝清目」に代表される「非人」である。これも『塵袋』が示すように、親鸞の同時代において「清目」はすでに、殺生を犯す「悪人」とは別の特定の職能者を指していた。先に略記したように、「清目」は、寺社に――きわめて低くはあるが当時の神人《じにん》や寄人《よりうど》、供御人《くごにん》に準ずる地位で――帰属し、清掃により汚れを除去し、牛馬の死体処理や人の葬送などに携わることによって死の穢れを祓い、さらには刑吏を務めることで死に直接手を染める、そんな役割を担っていた。その社会的役割が確定するのは一一世紀なかばから一二世紀にかけてのことと推定される。一般に想像されがちな一方的蔑視と嫌悪の対象とは異なるその社会的身分の形成について、網野善彦はつぎのように書いている——

このように、根本的には「清目《きよめ》」を職能とする職能民集団が、使庁の管轄下、十一世紀半ばごろの京都でしだいに形成されつつあったが、その過程で、一方には〔…〕都市を中心とした「穢」の観念の肥大化の及ぼした作用を考慮する必要があるとともに、他方、市聖・皮聖・盲聖などといわれ、自らこうした集団のなかに身を投じた宗教者—聖・上人が大きな役割を果たしていたことも見落としてはなるまい。貴族たちの施行の盛行などは、その影響の下に導き出されてきた行為であろうし、「非人」という言葉もこの人たちの側から出てきたのではなかろうか。[20]

とはいえ、非人はやはり「職人」のなかでも特異な存在であった。この「職人」集団が平民の共同体から離脱した人々によって構成される点に特徴を持っていたことは、一般の「職人」と「平民」との間の場合より、多少とも鋭い矛盾を内在させることとなったであろう。さらに「穢」の観念に深く浸透された貴族などの世界から、穢に直接ふれる人々として忌避《きひ》される傾向が、時代が降るとともに強まっていったのも事実である。

しかし「穢《けがれ》」を「清目《きよめ》」ることは、非人自身にとってみれば「重役」そのものであり、彼等はまさしく「聖」なる「芸能」に携わる「職掌人《しょくしょうにん》」「重色人《じゅうしきにん》」であった。そして実際、そうし

た見方は中世前期においては、社会的に認められていたといってよかろう。(21)

中世の「非人」をあくまでも職能集団とみる網野の考察には、人種＝民族起源説・地域起源説・宗教起源説の立場からの批判がないわけではないが、ここで引いた「職能民集団」化の前段階として、網野が七二三年、興福寺に「施薬院」とともに設けられ、奈良・平安時代を通じて病者や貧窮者の保護・施療の中心となった「悲田院《ひでんいん》」の構造と活動を分析していること、かつ、その将来形として、律宗の叡尊《えそん》、そして忍性《にんしょう》が主導して一三世紀後半から一三世紀末にかけて主に鎌倉で展開された同じ「悲田院」を通じた病者や貧窮者の救療活動を重視していることには、充分に留意すべきである。「悲田院」に保護された病者のうち、網野がとりわけ重視しているのは癩病者であり、中世において不治と見なされ、それゆえ最も厭われ、最も穢れた存在として排除された癩病者を「非人」のいわば自然発生論的な核に網野は位置づけているのであり、したがって、「非人」が職能集団として社会的に認知されていた側面だけを見ているわけではない。

さらに付言すれば、この「非人」という身分と呼称を引き受け、みずからのアイデンティティ、あるいは理想像とした僧が多数いたことも歴史的事実である。前者の代表例は、日蓮である。佐渡へ配流されるにあたって「海辺の旃陀羅が子」であることをある書簡の中ですでに宣言していた日蓮が、流謫の地から鎌倉の弟子・信徒らに宛てて送った長い書簡「佐渡御書」（一二七二〔文永九〕年三月二〇日付）の中に、つぎのような一節がある――

何《いか》に況《いはん》や日蓮今生《こんじやう》には貧窮《びんぐう》下賤の者と生れ、旃陀羅が家より出《いで》たり。心にこそすこし法華経を信《しんじ》たる様《やう》なれども、身は人身に似て畜身也。魚鳥を混丸して赤白二渧《しやくびやくにてい》とせり。其中に識身をやどす。濁水に月のうつれるが如し。糞嚢《ふんなう》に金《こがね》をつゝめるなるべし。心は法華経を信ずる故に、梵天・帝釈をも猶《なほ》恐しと不レ思ハ。身は畜生の身也。色心不相応の故に愚者のあなづる道理也。心も又身に対すればこそ月金《こがね》にもたとふれ。又過去の謗法を案ずるに誰かしる。(22)

「旃陀羅」の家の出身であり、「魚鳥を混丸」＝魚肉・鳥肉を食べて「赤白二渧」とする＝男女の精とするような血筋が宿した「識身」＝精神と肉体であるがゆえに、法華経の信仰をもつ僧の姿をしてはいるがその身は「畜生の身」であり、「糞」袋に黄金をつつんでいるがごとく心身が「不相応」なのだから、愚者があなどるのも無理からぬことだ――法然の最大の批判者であり、専修念仏への糾弾と排撃を繰り返した日蓮が、このような自覚のうえにその過激な『立正安国論』（一二六〇年）を構築した点は留意されるべきである。

他方、「非人法師」たることが念仏行者の理想であると考えた一人に、敬仏房《きようぶつぼう》がいる。念仏者たちの言行を書きとどめた編者不詳の仮名法語集『一言芳談《いちごんほうだん》』――鎌倉末期に成立したと言われる――の中に、法然・明遍僧都・明禅法印らの言葉と並んで、こんな聞き書きが読まれる――

又云《いは》く、「如レ形《かたのごとく》も、非人をたて、心やすく念仏せんと思はんものは、出世の法財なほ可レ閣レ之《これをさしおくべし》。況《いは》んや世間の資縁《しえん》はあひかまへて〳〵、事すくなき様にふるまひなすべき也。はだへをかくし、命をつぐ事も、非人の身に相応して、出離《しゅつり》の心ざしもけがさぬやうに、たくむべき也。[23]」

この場合の「非人」は、私的な財や社会的関係の一切を失った無産者かつ共同体からの脱落者という意味で用いられており、敬仏房はその欠如態に積極的な価値を見出している。「非人の身」を模範とすることが、「出離の心ざし」を汚さない念仏者のあるべき姿だとここでは考えられているのである。

かくして、この時代における被差別の民の少なくとも二重の本質が確認される。一方において、不殺生戒に背いて生き物を殺すがゆえに「旃陀羅」に淵源する「屠者」たちは穢れており、かつ、癩病という不治の病に侵された者をその発生論的な核とする「非人」たちもまた穢れているがゆえに、社会の共同体から排除された。しかし他方において、「非人」集団の形成とともにその職能化が進んだ「清目」は、さまざまな汚穢を文字どおり清め、とりわけ死穢を払うその役割によって、社会的に認知され、かつ、保護救済されるべき弱者として貴族や仏教者からの慈悲にもとづく施行の対象であった。しかも、網野も指摘していたように、「穢《けがれ》」を「清目《きよめ》」ること、とりわけ死穢を清め祓うことは「「聖」なる「芸能」」にほかならず、それを担う「非人」は共同体にとって不可欠の存在ですらある。別のところで網野が書いているように「穢」が「当時の人々にとって〔…〕畏怖すべき事態」であったとすれば「それをキヨメる「清目」としての力をもつこれらの人々」は「畏れられる側面[24]」をもつ存在、そのような忌避されるが不可欠の場に立つ例外者なのである。すなわち、穢れ・汚辱／清浄・聖性の境界線上にいる、すぐれて両義的な存在としての被差別の民。「非人」たちが集まり居所としたのが、坂そして河原であったことは、この存在の両義性と深く関係している。鎌倉前期にはすでに、その代表的なものとして「清水坂」および「奈良坂」が組織化され、制度化されたが、それ以前から坂や河原に「非人」たち――乞食、癩病者、障害者、等々――は自然発生的に集まった。それは、坂や河原がいずれも中間地帯ないし境界であるから、すなわち、坂は「上」の土地にも「下」の土地にも属さない定住に適さない場、一般的には通過されるだけの境界であり、河原は、言うまでもなく河川と町や農地とのあいだの中間地帯、増水などによりいつでも消滅しかねない仮の領域だからである。[25]

だがそれでは、このような本質をそなえる被差別の民を救うために、浄土の教えにはなにができるか。「具縛の凡愚・屠沽の下類」が「広大智慧の名号を信楽すれば、煩悩を具足しながら無上大涅槃にいたるなり」と言うとき、そして「れふし・あき人、さまざまなものはみな、いし・かはら・つぶてのごとくなるわれら」だが、その「かはら・つぶてをこがねにかへなさしめん」と言うとき、親鸞はいったいなにを考えているのか。

第一に仮定され得るのは、被差別の民としての「屠沽の下類」の両義性を認識し、その認識にもとづいて、彼ら／彼女らに刻印された否定性をもう一度否定し、社会の象徴秩序の内部へと包摂する、という理路である。このような方向性で「穢れ」をめぐって整合性のある概念形成をした一人がジュリア・クリステヴァである。『恐怖の権力――アブジェクションについての試論』（一九八〇年）の中で、クリステヴァは「穢れ」とそれを前にしたときの社会の象徴秩序のはたらきについて分析を試みている。文化人類学者－社会人類学者メアリ・ダグラスの『汚穢と禁忌』を前提とし、さらに発展・展開させるべく記号論的精神分析学によるアプローチをするクリステヴァは、まず「穢れ」と「象徴体系」との関係、そして「象徴体系」が「穢れ」をどう扱うかについて、分析する――

> 穢れ〔souillure〕とは、「象徴体系」から零れ落ちるもののことである。それは、社会のあの合理性から、すなわち、一つの社会の総体がそのうえに基礎を置くあの論理的秩序から逃れ去るものなのであり、この社会の総体はそのとき、諸個人の仮の集合からみずからを差異化し、結局、一つの分類化の体系ないし一つの構造を構成することになる。(26)

私たちは今や、対象がもはや、あるいはいまだ、主体を固定する相関機能をそこではもっていないようなあの主体性の境界についての、先に示唆しておいた考察を想起することができる。このような場においては、反対に、揺らめき、魅惑し、脅かし、そして危険な対象は、否－存在〔non-être〕として輪郭を現す。すなわち、語る主体が絶えずその中へ呑み込まれていく〈おぞましきもの〉〔abjection〕として。

穢れは、それを聖別する儀式の数々をとおして、おそらくは、一つの社会的集合にとって、語る主体の壊れやすい同一性を縁取る〈おぞましきもの〉に関するあり得べき諸制度の一つに過ぎなくなる。この意味において、〈おぞましきもの〉は、個人的規模でも集団的規模でも、社会的かつ象徴的な秩序にとって外延を共にするものである。(27)

ここで〈おぞましきもの〉と訳した《abjection》は、『恐怖の権力』におけるキー概念である。一般的なフランス語としては「卑劣・卑賤・汚辱」などを意味するが、クリステヴァはこの語を精神分析的に新たに練りあげ、人間存在がその母子未分化の状態から、将来の主体〔sujet〕へむけて、いまだ対象化〔objectivation〕されざる「前 - 対象〔ab-jet〕」たる母を棄却し、そのおぞましくも魅惑的な融合作用から原初的に離脱する、そのような運動を指す独自の概念として提出した（接頭辞《ab-》は〈離脱・分離〉等を意味する）。この原初的な運動を指す場合には、「前 - 対象的棄却」と訳すのが適切だが、右の引用文中では、そのような意味上の負荷はかけられていないため、〈おぞましきもの〉とした。

その引用文は、なにを語っているか。まず、「穢れ」が「「象徴体系」から零れ落ちるもの」だという定義は、普遍的妥当性をもつだろう。西洋東洋、のみならず世界のおそらくすべての地域において、そこに宗教的規範とそれにもとづく社会的・文化的規範があるかぎり、「穢れ」はそれが発生するとき、社会の「合理性」ないし「論理的秩序」にとっての異質性となり、その秩序から外へと排除される。それが、「穢れ」の本質規定であるだろう。

そして第二に重要なのは、「穢れ」が純然たる異質性のままにとどまることはなく、社会の象徴体系がそれをなんらかの仕方で認知し、みずからのうちになんらかの形式で取り込むということだ。

「穢れ」が「零れ落ちる」とき、あるいは「逃れ去る」とき、社会の秩序の側はそれをそのままにすることはない。社会の秩序は、なにがどのように「零れ落ち」「逃れ去った」のかを同定し、その結果、社会集団はその同定のいわば反作用によってみずからを再‐組織化する。それが「諸個人の仮の集合」から「一つの分類化の体系」への変化とクリステヴァが言う局面である。同じことが、それに続く引用では、より厳密に語られている。「穢れ」はそれ自体として即自的にあるとき、「主体性」をその境界において揺るがせ、危険に晒すなにかであり、かつ、主体がその形成の前史においてそこから離脱したはずの「〈おぞましきもの〉」という主体を呑み込みかねない「否‐存在」である。だがしかし、ここでも主体とそれが属する社会の象徴秩序は「穢れ」にはたらきかけ、それを認知し、みずからのうちへ取り込む。「穢れ」は「それを聖別する儀式の数々」をとおして、名づけ得ぬ即自的な「おぞましきもの」であることをやめ、社会の「諸制度の一つに過ぎなくなる」。「穢れ」は、概念化され、その概念は社会の象徴秩序にとって「外延を共にするもの」、すなわち、社会の象徴秩序の概念が適用される拡がりのうちとなり、その集合に収まるものとなるのである。「儀式の数々」による「おぞましきもの」の馴致と回収——それこそが、ここでクリステヴァが明らかにする「象徴体系」の法則にほかならない。

クリステヴァは、このことをユダヤ教の聖書そしてキリスト教におけるイエスの言行にそくして、より具体的に書いている。まず、聖書と「不浄性」の関係、聖書における「不浄性」とその「悪」の位置づけをめぐるくだり——

この不浄性〔impureté〕の考古学をいっそう遠くまで遡ることを試みれば、私たちは実際、ある力能＝潜勢力（母性的な？　自然的な？――いずれにせよ〈律法〉に服従せず、また服従させ得ぬそれ）を前にした恐怖を見出すことになるのだが、この力能＝潜勢力は、自律的な悪と化すこともあり得るだろうが、社会的および主体的な象徴秩序の支配が続くかぎり、そうはならない。聖書における不浄性は、したがってつねにすでに、象徴界に背くものの一つの論理化であり、まさにそれゆえに、それが悪魔的《デモニアック》な悪として現働化することを妨げるのである。この論理化は、いっそう抽象的でいっそう道徳的な音域に、悪魔的なるものを有責性と罪の潜在力として書き込むのである。(28)

そして他方、「キリストの啓示」が「およそ最も劇的で〔…〕感銘を与える仕方で際立っている」のは、「不浄なる精神に及ぼすその力によってであると同時に、食事に関するタブーの廃止や、異教徒と食卓をともにすることや、癩病者との言葉や身ぶりによる接触」による、と述べたあとで、クリステヴァはつぎのように続けている――

ここで問題になっているのは、差異の新たなる装置、すなわち、そのエコノミーがあるまったく別の意味の体系を、したがってあるまったく別の語る主体を統御する、そんな装置なのである。これは、これらの福音的な態度あるいは物語の本質特徴だが、〈おぞましきもの〉はもはや外部にあるのではない。恒常的なものとして、それは内部に属しているのだ。脅かすものとして、それは排除されるのではなく、言葉の内部に吸収されているのだ。受け容れがたいものとして、それは、一人の語る主体の神への服従をとおして残存し続けるのだ――内面において分裂しており、かつ、言葉によって、まさしく、〈おぞましきもの〉からみずからを浄化することをやめない、そんな一人の語る主体の神への服従をとおして。[29]

すでに見た「象徴体系」の法則、「象徴秩序」の力が、ここでも確認される。ユダヤ教の聖書および律法との関係においてであれ、キリスト教の福音的な言葉との関係においてであれ、「不浄性」や「〈おぞましきもの〉」は、いずれもたんに排除され、外部へと放逐されるのではない。それらは、「悪」であり「脅かすもの」「受け容れがたいもの」であるにもかかわらず、否、そうであるからこそ、体系の内部へと導き入れられ、組み込まれる。それらは「論理化」によって、「言葉」によって、それ自体として存在し作動することを抑止される。その代わりに、それらは否定性の刻印を帯びたままで、しかし、その力を「抽象」化され「道徳」化され、つまりは無害化されたうえで、体系の一部となる。すなわち、それら「不浄性」や「〈おぞましきもの〉」は、正確にヘーゲル的な意味で止揚＝揚棄されるのである。「差異の新たなる装置」とは、この意味＝方向性においてはたらく弁証法的原理をそなえた装置にほかならず、それが目指すのはつねに、媒介する力による差異それ自体の解消であり、あらゆる差異の「浄化」である。

「穢れ」をめぐるクリステヴァの思考とその概念装置は、最も高い汎用性を有しており、そこに見られる論理は、おそらく、最も一般的に受け容れられやすい論理であるだろう。実際、「穢れ」にとどまらず、さまざまな異質なるものに対して社会的秩序がとる態度、それが発動する力は、純然たる排除と抹殺——ナチ・イデオロギーのような——でない場合、差異を馴致しつつ内部化することを目的としており、その運動は、本質的に弁証法的なもの、したがってつねにいっそう高位において統合と包摂を実現しようとするものである。

だがしかし、だからこそ、私たちは別の道を求めるべきなのではないか。とりわけ、被差別の民を救うことを目指すとき、私たちは、社会の象徴秩序の論理を保存したままで、その存在を包摂することだけを考えればそれでよいのか。その存在の差異を認知しつつ同化・統合するという身ぶりをとることが、はたして真の社会的救済と言えるだろうか。

否、問題はそこにはない。差異の承認とそれにもとづく同化や包摂という思考ほど、偽善的な思考はない。その差異ないし異質性を否定された存在が帯びている否定性を、もう一度否定することによって高次の肯定へ変えること、すなわち、否定の否定から肯定性を産み出そうとすることは、私たちが行ないがちの論理的操作だが、これは存在をつねに否定性を媒介として認識することであり、そのような肯定性は贋の肯定性であり、ヘーゲル的弁証法という思考の病が産み出す虚構、私たちの思考にそれが投影する錯覚の産物にすぎない。だから、そうではなく、差異をそれ自体として思考し、それ自体として肯定すること。本来、純然たる特異性であり異質性であり差異としてあるその存在に、さまざまな蔑称によって否定性の刻印を押され、社会の象徴秩序から排除されつつ、その象徴秩序のエコノミーに馴致されるかぎりにおいてのみ再-内部化されてきたのが被差別の民であるとするならば、その存在を真に解放するためには、あらゆる媒介する装置の外で、その存在を、その差異の数々を無媒介的に肯定できなければならない。

すでに私たちは、親鸞における平等の思考が、人間存在の類的同一性を先行的に措定したうえでなされる特殊性としての差異の認知ではなく、逆に、類的同一性に共約されない絶対的特異性としての差異を無媒介的に肯定することに存することを読み解いてきた（第I部第二章）。したがって、被差別の民に対する親鸞の思考が、クリステヴァ的な「象徴体系」ないし社会の象徴秩序を前提とするものではなく、その体系が設定する「差異の新たなる装置」による「穢れ」の回収と内部化とはまったく異なるものであることは明らかだ。

それゆえ私たちに必要なのは、親鸞の平等の思考を、さらに別の仕方で徹底化すること、その存在論的平等の原理をさらに別の仕方で記述することである。「ヘーゲルとともに到達点を見出す弁証法の長い変質の歴史」の中で、「肯定的なるもの〔positif〕と断言的なるもの〔affirmatif〕との相補性、微分的態勢〔position〕と差異の断言との相補性」の代わりに「否定的なるものによって、そして否定の否定として」「断言＝肯定〔affirmation〕の偽りの発生」が産み出されたことを批判しつつ、そのような装置の外を開き、外へ逃れさせる「否‐存在＝ウーク・オン」ならぬ「（非‐）存在＝メー・オン」[30]の作用をめぐって、ドゥルーズはつぎのように書いている――

> 怒りと愛は〈理念〉の諸力能であり、それらの力能は一つのメー・オン〔非‐存在〕から出発して展開される。つまりそれは、一つの否定的なるもの、あるいは否‐存在（ウーク・オン）から出発してではないということである。そうではなく、一つの問題構成的なる存在、あるい

は非-実在者から、すなわち、根拠の彼方における諸実在の暗黙の存在から出発して、それらは展開されるのだ(31)。

したがって、あるのは〈メー・オン〔(非)-存在〕〉であり、それは〈ウーク・オン〔(否)-存在〕〉と混同されるべきではなく、かつ、それが意味しているのは問題構成的なるものの存在であって、否定的なるものの存在ではまったくない。すなわち、そこには否定の「否」の代わりに=「否」の場所に、虚辞の《NE》(32)があるのだ。この〈メー・オン〔(非)-存在〕〉がそのように呼ばれるのは、それがあらゆる断言=肯定〔affirmation〕に先行するからである。反対に、それは十全に肯定的〔positif〕なるものである。〈問題-としての理念〉の数々は肯定的〔positives〕なる多数多様体、十全で微分化された肯定性〔positivités〕であり、それらは問題をその諸条件に結びつける相互的で完全な規定のプロセスによって記述される。〔…〕これらの断言=肯定について、私たちは、ただたんにそれらがたがいに異なる断言=肯定であるとだけ言うべきではない。そうではなく、それらは差異の断言=肯定の数々、それも、〈理念〉の一つひとつに固有の多数多様体に応じた差異の断言=肯定の数々なのである(33)。

シェリングに由来するこの「メー・オン〔(非)-存在〕」を、ドゥルーズは積極的に解釈し直し、別の力をそこに充塡している。シェリングにおいて「ウーク・オン〔否-存在〕」が、存在の現実性自体と同時にその可能性をも否定された存在を指し、それに対して「メー・オン〔非-存在〕」は、現実に存在していることだけが否定される非−存在者であり、その存在可能性は否定されていない存在を指す(34)。だが、ドゥルーズは言う――「秩序と無秩序を同時に告発するのは多様性であり、存在〔l'être〕と否−存在〔le non-être〕を同時に告発するのは（否）−存在〔le（non）-être〕であり、?−存在〔?-être〕である。いたるところで、否定的なるものと仮定的なるものの共犯関係は、差異と問題構成的なるもののいっそう深い絆のために断ち切られねばならない(35)」。つまり、ここで問題になっているのは、存在を肯定／否定という論理、可能性／不可能性という論理の外へ解き放つことであり、弁証法的な媒介作用から逃れ去る運動において認識することである。別の角度から言えば、「存在と否−存在を同時に告発する」「メー・オン」とは、存在にもその否定としての否−存在にも属さない中間＝場〔le milieu〕、「?−存在」であり、それこそは弁証法によって打ち立てられる同一性を知らない生成変化の場であり、生成変化する存在なのである。

親鸞が「能令瓦礫変成金」、すなわち「いし・かはら・つぶてのごとくなるわれら」を「こがねにかへなさしめん」と言うとき、それはたんなる道徳的理念のレトリカルな表現ではない。そうではなく、親鸞的「変成《へんじょう》」とは、まさしくここで見てきた意味における生成変化のことである。被差別の民は、猟師・漁師・商人、あるいは癩病者・貧窮者・障害者・乞食などだが、その存在は本来、純然たる特異性であり絶対的な差異であり、それ自体としては善でも悪でもない。彼ら／彼女らは、社会と時代の状況の中で不可避的にその職能や状態を生きただけであり、そこには咎められるべき点も責められるべき点もなに一つありはしない。にもかかわらず、彼ら／彼女らは差別された。すなわち、その存在に否定性の刻印が押され、社会の象徴秩序の圧力、それがそなえている宗教的−

道徳的規範の観念によって排除され、社会体系の最底辺において体系全体を支える負の頂点に位置づけられることで、かろうじて社会集団に帰属した。その排除の力学をいかにして解体すべきか。すでに言ったように、否定された存在を、その存在が帯びる否定性を否定することで肯定し直し、承認しつつ同化するという思考は、問題の真の解決からはほど遠い。なぜなら、そのような思考の方法論によるかぎり、被差別の民が身に帯びている否定性を消し去ることはできず、結局のところ、その否定性を保存したままで高次の――たとえば人間性＝ヒューマニティという――同一性のもとに位置づけること、すなわち、なんらかの超越的審級のうちにその存在を包摂することしかできないからだ。そこにあるのは、完全にヘーゲル的な論理、あまりに常識化したがゆえにそれと気づかれることのない弁証法の論理であり、それは市民的道徳に帰着するほかない。

だが、親鸞の思考の理路は、そのような道徳に帰着しはしない。「如来の御ちかひ」を信楽すれば、阿弥陀仏が「摂取のひかりのなかにおさめとられまゐらせ」ると言うとき、親鸞が考えているのは、超越的審級における被差別の民の包摂という道徳的論理ではない。法然以後の浄土の教えにおける「ひかり」とは、これまで詳細に分析してきたことから明らかなように、超越的〈一者〉から発せられるそれ自体超越的な救済のエレメントではない。そうではなく、「自然《じねん》」そのものである阿弥陀仏は、充溢した力能であり、そのはたらきは否定を知らない。阿弥陀仏という他なる力からの触発に応えて同じ触発の力で称名念仏するとき、衆生は「自然《じねん》」の「ひかり」という力能の場に内在するのであり、その必然を生きるとき、衆生はみずからもまた否定なき生の充溢を取り戻す。それこそが、被差別の民からその否定性の刻印を拭い去るために親鸞が開く思考の回路であり、その思考への「信」こそが、真の解放への道であるだろう。

さて、こうして私たちは親鸞とともに、中世被差別民の問いとその問いを前にした称名念仏の教えの意義を考えてきた。そして、ここで問われているのは、むろん、現代の私たちの社会における差別の問いでもある。浄土の教えは、現実的な力をもつか。はたしてそれは、現実を変革する力能の意志たり得るか。その成否が私たちの一人ひとりの思考の努力にかかっていることは、言うまでもない。

註

(1) 大橋俊雄『法然全集』第二巻、春秋社、一九八九年、一六三頁。
(2)『浄土三部経(上)』中村元・早島鏡正・紀野一義訳注、岩波文庫、一九九〇年、一五七頁。訳文軽度に変更。
(3)『浄土真宗聖典──註釈版 第二版──』浄土真宗本願寺派総合研究所編、本願寺出版社、二〇一三年、三〇二─三〇三頁。
(4) 大橋俊雄『法然全集』第二巻、前掲書、二六六頁。
(5)『法然上人絵伝(上)』大橋俊雄校注、岩波文庫、二〇〇六年、五六頁。
(6) 大橋俊雄『法然全集』第三巻、春秋社、一九八九年、六四頁。
(7)『浄土真宗聖典──註釈版 第二版──』前掲書、八三三頁。
(8) 大橋俊雄『法然全集』第三巻、前掲書、二一〇頁。強調引用者。
(9)『浄土真宗聖典──註釈版 第二版──』前掲書、八三三─八三四頁。強調引用者。
(10) 同書、八四三─八四四頁。同右。
(11) 同書、八四二頁。
(12) 同書、八四四頁。

（13）同書、七〇七－七〇八頁。強調引用者。
（14）同書、二四九頁。
（15）『塵袋1』（全二巻）大西晴隆・木村紀子校注、「東洋文庫」七二三、平凡社、二〇〇九年、二八八－二八九頁。
（16）同書は、この「カタヒ」に「カタキ（傍居か片居か）。乞食。」と註を付しているが、この項目中で「乞食」は「乞食」と明確に別記されており、かつ、この時代に癩病者＝ハンセン病者を「かったい」と呼び非人の範疇に入れたことから、ここではこのように解釈する。
（17）『浄土真宗聖典——註釈版　第二版——』前掲書、七一七頁。
（18）同書、六二一頁。
（19）同書、六二二頁。
（20）網野善彦「中世身分制の一考察——中世前期の非人を中心に——」、『中世の非人と遊女』講談社学術文庫、二〇一八年所収、三六－三七頁。
（21）同書。四三－四四頁。
（22）『親鸞集　日蓮集』名畑應順・多屋頼俊・兜木正亨・新間進一校注、「日本古典文学大系82」、岩波書店、一九六四年、四三一頁。旧漢字を新漢字に一部表記を変更。
（23）『一言芳談』小西甚一校注、ちくま学芸文庫、一九九八年、六一－六二頁。
（24）網野善彦「中世の「非人」をめぐる二、三の問題」、『中世の非人と遊女』前掲書所収、九五頁。
（25）この点に関しては、折口信夫「民族史観における他界観念」、とりわけ第一〇節「他界と　地境と」を参照。『折口信夫全集』第一六巻「民俗学篇2」、中公文庫、一九七六年所収。
（26）Julia Kristeva, *Pouvoir de l'horreur—Essai sur l'abjection*, Éd.du Seuil, Collection «Points», 1983, p. 80.（ジュリア・クリステヴァ『恐怖の権力——〈アブジェクシオン〉試論』枝川昌雄訳、法政大学出版局、一九八四年、九六－九七頁）。強調原文。訳文は引用者による。以下同様。
（27）*Ibid.*, pp. 82-83.（同書、九九頁）。強調原文。
（28）*Ibid.*, p. 110.（同書、一三〇頁）。強調原文。
（29）*Ibid.*, p. 135.（同書、一五九頁）。強調引用者。

(30) Gilles Deleuze, *Différence et répétition*, PUF, 1968, p. 344.（ジル・ドゥルーズ『差異と反復（下）』財津理訳、河出文庫、二〇〇七年、二六〇頁）。訳文は引用者による。以下同様。

(31) *Ibid.*, pp. 246-247.（同書、六七頁）。

(32) フランス語文法上の概念で、一般的な否定の副詞《ne ~ pas》が論理的否定を表すのに対し、《ne》単独で用いられ、従属節中に潜在する否定の観念を反映したニュアンスを表現するものであり、論理的否定を意味しない。

(33) *Ibid.*, p. 343.（同書、二五八－二五九頁）。強調原文。

(34) フリードリッヒ・W・J・シェリング「哲学的経験論の叙述」岩崎武雄訳、『フィヒテ　シェリング』、「世界の名著 続9」、中央公論社、一九七四年所収。とりわけ最終節「無からの創造」（五六八－五七二頁）を参照。

(35) Gilles Deleuze, *op.cit.*, p. 262.（ドゥルーズ、前掲書、九八頁）。

第二章　念仏と結び合い

（一）「浄不浄をきらはず」――一遍、被差別民とともに

親鸞における「悪人」が、末法の時代における衆生の一般的本質ではなく、また破戒ゆえに生ずる道徳的観念でも法的規範に背く人間を指す概念でもなく、「餌取《エトリ》」と呼ばれた屠者、「清目《キヨメ》」という職能者、そして癩病者・障害者・乞食などを含む、「非人」と総称された被差別民の名であり、したがって「悪人正機」説とは、親鸞に固有の同時代の被差別民こそを往生の「正因」とする救済思想であることを私たちは見てきた。一遍において、事はどのようであるか。「捨て聖」たる一遍は、親鸞の系譜をまっすぐに受け継ぎつつ、さらにラディカルな立場をとった。「遊行《ゆぎょう》」と呼ばれる諸国を遍歴しながら行なう布教活動、その際の方法論である「賦算《ふさん》」という念仏札を配るほどこし、そして念仏を称えつつ踊りながら集団を組織する「踊躍《ゆやく》念仏」は、ただたんに被差別の民をもその対象としたのではない。そうではなく、被差別の民こそをその全活動の中心に据え主たる行為体たらしめたのが、一遍なのである。

日本仏教史上稀なその実践は、『一遍聖絵』に見ることができる。一遍の没後十年、一二九九〔正安元〕年に法眼《ほうげん》伊円のもとで複数の絵師により描かれ、直弟子・聖戒が詞書を記して成立したこの

全十二巻からなる絵巻物は、一遍から直接教えを受け、遊行をともにした聖戒の統括によるものであるだけに、伝記としての信憑性は高く、一遍の布教の現場を活写する図像資料として私たちを惹きつける。

被差別の民をその遊行集団の同行者とし中心とするにいたった一遍の思考——それは「他力」概念の無限の拡張と深化の軌跡にほかならず、その結果としての救済のまったき無条件化のプロセスそのものである。十歳で天台宗の戒を受けて出家したのち、法然の孫弟子である聖達から浄土宗の教えを新たに伝授されたこと、いったん還俗したのち、三十二歳でふたたび出家し、伊予の窪寺に結んだ小さな庵でひとり称名念仏の行に三年間没入する中で「十一不二証無生」＝〈十劫の昔の阿弥陀仏の成仏と現在の衆生の一念往生は同じものであり、生死の迷いを離れた真実を証している〉という偈文を感得したこと、それを機に「すみやかに万事を放下して、身命を法界につくし、衆生を利益せんとおもひたち(1)」、伊予国・岩屋寺に俗縁を絶って参籠したのち、一二七四〔文永一一〕年、すなわち三十五歳のとき同地を出立、遊行を開始し、それ以後五十歳で没するまで「念仏をす丶めて衆生を済度(2)」する賦算という念仏札を配り歩く旅を、北は奥州〔岩手〕江刺から南は大隅国〔鹿児島〕まで続けたこと——これらすべての足跡は、一遍の生涯をつらぬく唯一の課題が称名念仏をとおした利他の行であり、還相廻向《げんそうえこう》の行であったことを物語っている。「没後の事は、我門弟におきては葬礼の儀式をと丶のふべからず。野にすて丶けだものにほどこすべし(3)」——これが一遍の遺言であり、つまりは滅後の肉体をも獣にほどこせという命法にいたるまで、その布施利他の精神は貫徹していたのである。

各地で出会った出来事のうち、一遍の賦算と遊行の本質と方向性を定めたものとしてここで触れておくべきなのは、やはり熊野神社におけるかの「熊野権現」による示現である。熊野の山中で行き会った一人の僧に一遍はいつものように念仏札を差し出すが、その僧は「信心」が起きないと言って受け取らない。まわりでは幾人かの熊野道者が見守っており、この僧に受け取りを拒まれれば、皆が受け取らないことになるだろうと危惧した一遍は、「信心おこらずともうけ給へ」[4]と言って僧に念仏札を差し出し、納めさせる。それを見ていた道者たちは、皆、札を受け取った。この経験の意味を知り、「勧進のおもむき」＝念仏を勧める心構えについて教えを乞うべく、一遍は本宮の前で願を立てて祈りつつ目を閉じる。すると姿を現した権現が、つぎのように告げる――

融通念仏すゝむる聖、いかに念仏をばあしくすゝめらるゝぞ。御房のすゝめによりて一切衆生はじめて往生すべきにはあらず。阿弥陀仏の十劫正覚に、一切衆生の往生は南無阿弥陀仏と決定するところ也。信不信をえらばず、浄不浄をきらはず、その札をくばるべし。[5]

「一切衆生の往生」は、「十劫」の昔に法蔵菩薩の誓願が成就して阿弥陀仏となったことによって「決定《けつじょう》」しているのであり、一遍の「すゝめ」によるからではない。そのような悪しきおごりを捨て、「信不信をえらばず、浄不浄をきらはず」に念仏札を配るがよい――「「大権《だいごん》の神託をさづかりし後、いよ〳〵他力本願の深意を領解《りやうげ》せり」とかたり給（ひ）き」[6]と聖戒が証言しているように、この示現は一遍にとって決定的であった。これ以後、一遍による賦算の行は、その対象にいかなる前提を付すこともなく、またいかなる区別をつけることもない、南無阿弥陀仏という名号の文字どおり無条件かつ無限の贈与の行ないとなる。

熊野権現の示現ののち、一遍は念仏札の「形木《かたぎ》」＝紙片などに刷るための原版に「南無阿弥陀仏決定往生　六十万人」とあらためて刻んだ。その意図するところは、阿弥陀仏の「十劫の成道」が「凡聖《ぼんしやう》の境界《きやうがい》」をなくし、「十界《じつかい》を会」す＝迷妄と悟りのすべての世界を一つにするものであること、そして称名念仏が「前なく後なく」、遍く「一切衆生決定往生」を「記莂《きべつ》」[7]＝予言・約束していること——このことを伝え知らせることにあった。そして事実、聖戒の詞書には、一遍の遊行の同行者が徐々にその数を増していき、その集団のうちにはいかなる身分の区別・差別もなかったことが証言されている。

たとえば、「鎌倉の法難」と呼ばれる事件があった。一二八二〔弘安五〕年の春、三月一日に、すでに「時衆」と名乗っていた一遍の集団が鎌倉に入って布教活動をしようとしたところ、時の執権・北条時宗が同じ山内へ出向く日であったため、警護の武士がこれを禁じた。武士に命じられた下役人が時衆を打擲し、一遍はどこにいるかと詰問する。進み出た一遍に対して武士は、「執権の御前でこのような狼藉をはたらくとは何事か、お前が人々を引き連れているのはたんに名声を得るためだ。制止にかまわず乱入するのを許すわけにはいかない」と言う。応えて一遍はこう告げる——「私は〈執権だの名声だの〉そんなことに一切関心はない。ただ人々に念仏を勧めるだけである」。そして、武士もまた罪業に引かれて冥途に赴くときは念仏にこそ助けられるのだと一遍は続けるが、その武士は返事もせずに一遍を二度打ち据える。しかし、「不捨怨憎由大悲」＝〈怨みや憎しみをもつ者も捨てずに救うのは阿弥陀仏の大慈悲による〉という立場をとるがゆえに、一遍はいっこうに痛がる様子も見せず、そして「有識含霊皆普化」＝〈心をもつもの命のあるものをすべて皆救う〉のが目的であるがゆえに、この機会にさえ仏縁を結ぶことができるのを喜びだとしてこう宣言する――「念仏勧進をわがいのちとす。しかるをかくのごとくいましめられば、いづれのところへかゆくべき。こゝにて臨終すべし(8)」。一遍のこの態度を目にし、この覚悟を聞いた武士は、鎌倉の外ならばお咎めはない、と一種の容認の言葉を口にする。そこでその夜、「山のそば、みちのほとり」で一遍が念仏していると、「かまくら中の道俗雲集《どうぞくうんじゅう》し」て、一遍のために皆が敬意の言葉を伝え、ねんごろにもてなした。このエピソードをまとめて聖戒は書く――昔、達磨大師が梁《りょう》の国を、孔子が魯《ろ》の国を追われたのも、民が愚かだったからでも、国の政治が悪かったからでもない。ただふさわしい時期が来たか、来なかったかの違いである。だから今、一遍に対しても、人々は最後には帰依して「貴賤ここにあつまり、法いよ〳〵ひろま(9)」って、仏のはたらきと衆生の心が一つになったのだ、と。

翌日、三月二日に同じ鎌倉の「かたせ〔片瀬〕の館の御堂」で、一遍は断食して別時念仏の行をするが、そこへ「願行上人」＝円満の弟子がやって来て、六日には往生院へ招かれ、さらにその翌日も別の迎えの使いがあったのを受けて、「かたせの浜の地蔵堂」で数日を過ごすうちに、ふたたび「貴賤あめのごとくに参詣し、道俗雲のごとくに群集す(10)」という状況となる。「信不信をえらばず、浄不浄をきらはず」という一遍のふるまいが、いわば自然発生的に信仰集団を惹き寄せたことが、ここでも理解される。そのことを最も鮮明に証言しているのが、二年後、一二八四〔弘安七〕

年の秋、京都の「穴太寺《あのう》」における出来事である。一遍はこのとき腹部を患い、二週間この地に滞在する。そのあいだ――

　そのあひだ、まゐりあつまりたるものどもを見るに、異類異形にして、よのつねの人にあらず。畋猟《でんれふ》漁捕を事とし、為利殺害《せつがい》を業とせるともがらなり。このさまにては仏法帰依のこゝろあるべしとも見えざりけるが、おの〳〵掌をあはせてみな念仏うけたてまつりてけり。[11]

　ここに記された「畋猟漁捕を事とし、為利殺害を業」とする人々が、屠者であり、したがって不殺生戒に背く「悪人」であることは言うまでもない。そして「異類異形」という形容がたんに変わった相貌や服装・外見をしている人を指すのではなく、この時代には、まさしく「非人」を指す言葉だったことをあらためて想起しよう。その「悪人」たち、「非人」たち、すなわち、一般には仏法に帰依する心があるとも見えないと考えられていた人々を、しかし、一遍は「ともがら」＝同朋として迎え入れる。そしてこれまでつねにそうしてきたのと同様に、念仏札を差し出し、念仏のひと声を授けると、それらの「よのつねの人」でない人々は「おのおの掌をあはせて」一遍からの無償の贈与を「うけたてまつ」る。ここにあるのは、一切の差別がない集団、一切の差別を積極的に打破する念仏集団としての「時衆」の姿であり、そこに貫徹された大慈悲の理念である。
　この点に関して、『一遍聖絵』の詞書の中に、読み落とされかねないがきわめて重要な一節がある。それは「第四」三枚目の絵に添えられた、つぎのくだりである――

彼の楊州《やうしう》の屠士が和尚《くわしやう》を害せむとせし、九品《くぼん》を掌の中に拝して忽《たちまち》に捨身往生の瑞《ずい》をあらはし、今、備州の勇士が上人を殺さむとする一念を言下にひるがへして、すなはち出家修行の道にいる。古今の奇特ことなりといへども、機法の相感是おなじきもの歟《か》。(12)

これは、一二七八〔弘安元〕年、一遍が備前の国・藤井〔岡山市西大寺藤井〕へ赴き勧進念仏したときの逸話である。その地の政所《まんどころ》＝地頭のもとへ行くと、吉備津宮の神主の子息であった家の主人は留守だったが、その妻が一遍の説法を聞いて敬服し「にはかに発心して出家」(13)してしまう。帰宅した夫は激怒し、「どこにいても探し出して殺してやる」と言って出かけ、福岡の市〔岡山県邑久郡長船町福岡〕で一遍を見つけ、大太刀を脇にはさんで一遍に近づく。それまで一瞥もくれなかった一遍が「お前は吉備津宮の神主の息子か」と尋ねると、その夫はたちまち怒りも殺意もなくなり、身の毛もよだつほど尊い思いを感じ、その場で髪を切り落とし、夫もまた一遍を導師として出家を遂げた、というのがこの引用文の後半である。一遍のふるまい、その存在そのものが人に与える感化の力を示す逸話だが、比すべき事例として前半に挙げられた「楊州の屠士」に起きた「奇特」＝不思議な出来事とはなにか。それは、『唐朝京師善導和尚類聚伝』中に引用された『西方略伝』に読まれる出来事であり、親鸞がみずから書き写した『烏龍山師幷屠児宝蔵伝』と題する真筆〔その筆跡の特徴から、東国滞在中に宋の木版本から書き写し、京都へ持ち帰ったものと推定されている〕中に抜粋されていることにより知られている。親鸞が写筆した一節は、つぎのとおりである――

『西方略伝』曰、

「長安屠児、姓京氏、名宝蔵。因善導和尚勧人念仏満長安、断肉人無買者。遂持刀詣寺、意欲与害。和尚見之、指現西方。即便発心、誓捨身命、求生浄土。令上高樹念阿弥陀仏、十声堕樹而終。衆見、化仏引天童子、従宝蔵頂門而出。言天童子者　即是其神也(14)」

「長安の屠児《とに》に、姓は京氏、名は宝蔵という者がいた。善導和尚が人々に勧めて念仏させたまわったことによって、その教えが長安に満ち、人々は肉を断ち買う者もいなくなった。宝蔵は遂に刀を持って寺に詣り、善導に危害を加えようと欲した。善導和尚はその姿を見て、西方浄土を指し示しこれを現して見せた。すると宝蔵は発心して、誓いを立て身命を捨てて、浄土に生まれたいと希求した。宝蔵は、高い樹にのぼって阿弥陀仏を念じ、十声《とこえ》称えると樹上より落ちて命を終えた。そのとき人々は見た、化仏《けぶつ》が天童を引いて、宝蔵の頂門《ちょうもん》＝頭の頂きから外へ導き出したまわったのを。天童と言うのは、すなわち神＝魂のことである」――右の漢文原典が伝えるのはこのような「奇特」である。読まれるように、聖戒が一遍の教化の力を語る際に比較して想起した「彼の楊州の屠士」とは、明確に「屠児」、すなわち、先に私たちが『塵袋』の項目中で確認しておいた意味での「屠者」＝「旋陀羅」のことであり、つまり「イキ物ヲ殺テウル、エタ体《てい》ノ悪人」と呼ばれた屠畜を生業とする者を指している。その「屠児」＝「悪人」が善導の感化によって発心し往生を遂げたのと同様に、人を殺害《せつがい》しようとする武士＝「悪人」が一遍に感化されて心を翻し「出家修行の道」

に入ったこと——聖戒がこの詞書に書きとどめているのは、このことである。
「屠児」宝蔵の捨身往生の説話が親鸞によって写筆され、一遍の伝記作成者である聖戒によっても想起されていることは、現在では原典が散逸して失われ、善導伝等におけるいくつかの部分的引用にその痕跡をとどめるのみである『西方略伝』が、この当時の浄土教の行者にとっての共通の参照項であったことをうかがわせる重要な事実だが、いずれにせよここに私たちが見て取るべきなのは、やはり一遍の衆生済度の活動が「悪人」に照準を合わせたものであったということ、「為利殺害《せつがい》を業とせるともがら」をその主たる「機」とするものであったという点である。事実、この点に留意しながら『一遍聖絵』の各場面に描出されている一遍の同行者たちを見てみると、被差別の民の占める割合が際立って多いことが確認される。信濃国・小田切の里における初めての踊り念仏から始まって、片瀬の浜の道場でも、京都・市屋の道場でも、「死期ちかきにあり」と一遍が悟りつつ、しかし「行儀は時をおひてさらにかはる事なし」[15]と言われた阿波の国での踊り念仏においても、そこに見出されるのはさまざまな「非人」たちである。乞食たち、覆面をした癩病者たち、犬神人たち、遊女たち、さらに、烏帽子をかぶらず蓬髪《ほうはつ》、束髪《そくはつ》あるいは下げ髪で顎鬚をたくわえた文字どおり「異形」の男たち……。彼ら／彼女らは、一遍の率いる「時衆」の中につねにおり、その集団の中にこそみずからの心身の真の居場所があると感じ、みずからを解放することができた。

　その姿は、直弟子・聖戒によって編まれた『一遍聖絵』のみならず、同じ時代に制作された『天狗草紙』(一二九六年)にも描き出されている。「衆生の得脱の因縁」はさまざまであり、「神明《しんみょう》に参詣」し、阿弥陀仏以外の諸仏・諸菩薩の「垂迹《すいじゃく》のみもとにて解脱」すべきであるのに、一遍らが

「弥陀一仏」にしか帰依しないのは「愚痴の至極、偏執の深重《じんちょう》」であり、「出家の法衣《ほうえ》」である袈裟も着けずに、半端に「僧形《そうぎょう》」をしているだけだ、と批判しつつ、その詞書はこう続けている——

或は馬衣をきて衣の裳をつけす。念仏する時ハ、頭をふり肩をゆりておとる事野馬のことし。さはかしき事山猿にことならす。男女根をかくすこと事《原文のママ》なく、食物をつかみくひ、不当をこのむありさま、併《あわせて》畜生道の業因とみる。また放下の禅師と号して、髪をそらすして烏帽子をき、坐禅の床を忘《わすれ》て南北のちまたに佐々良《ささら》すり、[16]工夫の窓をいて、東西の路に狂言す。[17]

もともとこの時代の仏教諸宗派の僧侶の我執・憍慢を批判し、風刺することを目的とした絵巻物であるがゆえに、ここでの筆致も手厳しいが、それだけに「時衆」集団の実相、踊り念仏のリアルな躍動が伝わってくる。まさに「道俗おほくあつまりて結縁《けちえん》あまね[18]」くせんとする一遍、「善悪おなじく道場に坐」さしめ「定散《じょうさん》ひとしく無生〔=往生〕[19]」を得さしめんとする一遍の実践が、反‐差別の実践であり、その名からして多数多様性をその本質とする衆‐生による集団を編成し、集団的であり続け、集団的であることによってしか産み出すことのできない解放と自由を目指す、そんな運動であったことが理解される。

だがそれは、いったいどのような原理によって駆動される実践であり、なにからどのようにして解放され自由になることを可能にする運動であったのか。

（二）踊り念仏——身体・コナトゥス・解放

身体を動かすこと。身体を、その最大限の、あるいは最小限の力能において作動させ変様させることによって、身体の変様の観念を知覚する精神そのものを最大限に、あるいは最小限に変様させること。換言するなら、身体をつねに多数多様な触発し触発する力能の中に置くことで、精神をいかなる抽象化からも実体化からも引き離した地点において生成変化させること——これこそが、一遍がその時衆たちとともに繰り広げた「踊り念仏」の目的であり、その効果である。だが、それを正しく評価し、その宗教的‐倫理学的意味を認識するために、なにを考察しなければならないか。

まず、踊り念仏が心身を解放する手段であり、かつ、その効果をもつという点は、誰もが容易に想像することであるだろう。念仏を称えながら、各自が思うがままに自由かつ即興的に踊りつつ、集団的な一体感を得るこの運動が、一般的な意味での解放感をもたらすものであり、それが高揚するとき、他では感じることのできない自由の感情をもたらすものであろうことは容易に理解される。外形的に見ただけで、この集団的な行《ぎょう》は、そのような特性をそなえていると言えるだろう。

だが、そう言っただけでは、踊り念仏の特性を十全に表現したことにはならない。この集団的な行がもたらす解放感は、たんに惰性的な日常を離れた非日常の時間と状況の中で得られる解放感であるのか。否、それだけではない。踊り念仏は、それが非日常の場面を作り出すものであるとしても、この集団的な行《ぎょう》は、それが宗教的な行であるかぎり、特定の宗教的効果をもつ。そして、踊り念仏は、その集団の主な構成員が被差別の民、すなわち「非人」たち、「悪人」たちである点にこそ、その特有の意義がある。

前提として考察すべきなのは、身体性に焦点化したこの行においてなにが賭けられているか、なにが問われているかである。それは、ひと言でいえば、心身二元論である。これは、広義にはプラトン以来、現代の認知科学にいたるまで見られる思考であるが、ここではやはり、近代合理主義の端緒を開き、その範例的パラダイムとして今日まで深く浸透しているデカルトにおけるそれを概観しておこう。『情念論』（一六四九年）においてデカルトは、なにを語っているか。それは、身体に対する精神の望ましい——とデカルトが考える——優位であり、とりわけ意志のはたらきによる身体の、そして情念の「支配」である。

「情念《パッション》」＝「受動《パッション》」を論ずるからには、なるほどたしかにデカルトも「われわれの精神が合一している身体以上に直接に、われわれの精神に対して能動的にはたらきかける主体があるとは認められない」し、それゆえ「精神において受動であるものは、通常、身体においては能動である[20]」と語り始めている。そして、その身体について「われわれの意志があずかることなしにわれわれのなすあらゆる運動（たとえばしばしばわれわれは、意志することなしに呼吸し、歩き、食べ、つまりわれわれと動物とに共通なあらゆる活動をする）は、われわれの身体の構造と動物精気の流れ方（精気は心臓の熱によってかきたてられて、その本性に従い、脳や神経や筋肉の中である流れ方をする）とにのみ依存する[21]」と述べて、身体の自律性を認識しているかのように記述してはいる。だが、自律性を有し、精神とは実在的に区別されるこの身体に対して、デカルトは、「意志」がつねに優位にはたらきかけるのであり、「意志」は身体を一つの「全体」として制御し、統括する関係にある、と言う。「意志のはたらき」には「精神そのもののうちに終結〔完結〕する活動」と「身体において終結〔完結〕

する活動」があり、後者の例として「われわれが散歩しようとする意志をもつということのみから、脚が動き、歩くということが生ずる」[22]と述べたうえで、デカルトはつぎのように書く——

これらすべての事がらをもっと完全に理解するためには、次のことを知らねばならぬ。すなわち、精神が真に身体全体に結合しておること、精神は身体のどれか一つの部分に、他の部分をおいて〔措いて〕宿っているなどというのは適切でないこと。その理由の第一は、身体が一なるものであって、ある意味で不可分だからである。なぜなら、身体の諸器官の配置を見ればわかるように、諸器官はすべて互いに関係づけられていて、器官のどれかが除かれれば身体全体が欠陥あるものとなるようになっているからである。さらに理由の第二は、精神がその本性上、身体をつくっている物質の延長や諸次元や諸特性にはなんの関係ももたず、ただ、身体の諸器官の集まりの全体にのみ関係をもつからである。〔…〕

しかし、次のこともまた知る必要がある。すなわち、精神は身体全体に結合してはいるものの、それでもやはり身体のうちにはある部分があって、そこでは精神が他のすべての身体部分におけるよりもいっそう直接的にその機能をはたらかせていることである。〔…〕それは一つの非常に小さな腺《せん》であり、脳の実質の中央に位置し〔…〕、その腺のうちに起こるきわめて小さな運動でも、精気の流れを大いに変化させることができ、逆に精神の流れに起こるきわめて小さな変化でも、この腺の運動を大いに変化させることができるようになっているということである。[23]

これが、かの「松果腺」説であり、デカルトは当時の最新の医学的知見を援用しているわけだが、むろん、近代の黎明期のものであるその知見の科学的適否を論ずることが問題なのではない。問題は、ここでデカルトが身体と精神を実在的に区別したうえで、つまり心身を二元性において概念的に把握したうえで、精神が、とりわけその意志が、身体へその自由な作用を及ぼし、身体を変化させつつ全体として統合するという超越的位置にあると考えている点にある。事実、「精神と身体はどのように互いにはたらきかけ合うか」と問いを立て、みずから立てたその問いに対し、デカルトは明確につぎのように言い切っている――「精神は脳の中心にある小さな腺のうちにそのおもな座をもち、そこから身体のすべての他の部分に、精気や神経や、さらには血液をも介して、作用をおよぼす、と考えよ」[24]。これは、精神とその意志による身体の制御を理想とする思考であり、かつ、諸器官の意志による制御と統合というこの図式は、いわば意志による中枢的身体論として近代合理主義を基礎づけ、それは今日の社会組織論にいたるまで引き継がれていると言える。

そして、この立場からするとき、「情念」は、すなわち主体にとっての「受動的」感情はどのように理解され、精神はその感情にどのように向き合うことになるか。デカルトは書いている――

人間におけるあらゆる情念の主要な効果は、情念が人間の身体にさせようと準備している事がらを、精神にもまた意志させようとして、精神を促し方向づけることである〔…〕。けれども、意志はその本性上自由であって、けっして強制されえないものである。〔…〕そして精神の能動とはすべて、精神が何ごとかを意志するということのみによって、みずからが密接に結合しているかの小さな腺をして、この意志に応ずる結果を生みだすに必要なしかたで、運動せしめる、ということである。[25]

意志の自由とその中枢的機能―命令による情念の効果の無力化。デカルトによれば、「精神の低い部分」＝「「感覚的」部分」と「高い部分」＝「「理性的」部分」とのあいだ、あるいは「自然的欲求と意志」とのあいだに人々が思い描く「戦い」のすべては、「身体がその精気によって腺〔松果腺〕のうちにひき起こそうとする運動と、精神がその意志によって同じ腺のうちに同時にひき起こそうとする運動」とのあいだの「対立」[26]にほかならず、したがって、「情念にともなう身体運動」とは、精神の意志によって人がそれに「うち勝」[27]つべきものだと見なされる。そしてデカルトは、これらのことが「みずからの情念を統制しようとする勇気を与えるため」に、すべての人にとって「有益」であるはずだと言い、こう結論づける――「最も弱い精神をもつ人々でも、精神を訓練し導こうとして十分なくふうを用いるならば、みずからのすべての情念に対して、ほとんど絶対的な支配を獲得できるであろうことは、明らか」[28]である、と。

すでに私たちは、法然―親鸞―一遍における「他力」、すなわち、自力／他力という二項性に還元されない絶対的に他なる力が、阿弥陀仏という「自然《じねん》」のはたらきの名であり、「他力」への信とは、その「自然《じねん》」へ内在しその必然を生きることにほかならないこと、そして「自然《じねん》」の「おのずから」「しからしむ」生成の必然のうちにあるとき、そこには衆生の自由意志が存立する余地はなく、そこでは意志の自由な行使という幻想がことごとく滅却されるということを見てきた。一遍とはその意味での「他力」概念をおよそ最も深化させ、最大の強度において生きた念仏者なのであってみれば、その一遍からすれば、デカルトの主張するような精神の自由、意志の自由とそれによる身体的情念の「絶対的な支配」という論理は、「妄念」としてきっぱりと斥けられるべき論理であるだろう。だが、この「妄念」の根は深く、歴史的拘束力はきわめて強い。デカルトにはるかに先立つ中世日本の仏教においてすでに、身体と精神、「「感覚的」部分」と「「理性的」部分」を二元的に切り分け、後者による前者の制御に価値を置き、それによってつねにいっそう高い精神性を獲得せんとすることが、諸宗派の教義の差異を超えた常識＝共通感覚であった。一遍が出家に際して戒を受けた天台宗における「常行三昧《じょうぎょうざんまい》」にせよ、多くの宗派においてなされた各種の「懺法《せんぼう》」――とりわけ「法華《ぎょう》懺法」――にせよ、あるいは道元の曹洞宗ならびに栄西の臨済宗における坐禅にせよ、それらの行において共通しているのは、身体の行を重視し、身体に最大限の負荷をかけるが、それはその結果として身体性を滅却ないし超越し、精神を純化することを目的としていた。すなわち、そこでは、デカルトにおけるのと同様に、身体と精神を二元論的に概念把握したうえで、身体へ負荷をかけることで精神性を高めつつ身体を忘却するという逆説が積極的に選び取られており、身体の行は結局のところ手段ないし条件であり、身体‐精神のあいだに仮定されているのは、二元論の内部における因果関係にほかならない。

一遍がその踊り念仏によって打破しようとしたのは、まさしくそのような二元論であり、身体の行を精神性の純化ないし強化ないし高度化に奉仕させる、そのような因果性の図式である。踊り念仏とは、いったいどのような出来事の場であるか。『一遍聖絵』の中で、『無量寿経』から「曾更見世尊　即能信此事　謙敬聞奉行　踊躍大歓喜」＝〈嘗《かつ》て更に世尊を見たてまつりし者は、即ち能《よ》くこの事を信ず。謙敬にして聞いて奉行し、踊躍して大いに歓喜す〉の一句を引き、これについての善導大師の釈義である「行者傾心常対目　騰神踊躍入西方」＝〈行者心を傾け常に〔極楽の荘厳を〕対目《たいもく》す。神〔＝心〕を騰《おど》せ踊躍《ゆやく》して西方に入《い》る〉という一文の意味するところを、聖戒＝一遍はつぎのように書いている――

文の意は、身を穢国《えこく》にすてゝ心を浄域にすまし、偏《ひとへ》に本願をあふぎ、専（ら）名号をとなふれば、心王《しんなう》の如来自然《じねん》に正覚の台に坐し、己身の聖衆踊躍《ゆやく》して法界《ほっかい》にあそぶ。これしかしながら、みづからの行業をからず、唯他力難思の利益、常没得度の法則《みのり》なり。然（れ）ば、行者の信心を踊躍の皃《かたち》に示し、報仏の聴許《ちょうきょ》を金磬の響にあらはして、長眠の衆生を驚（か）し、群迷の結縁《けちえん》をすゝむ。是（を）以（て）、童子の竹馬をはする、是をまなびて処々にをどり、寡婦の蕉衣《しょうえ》をうつ、これになずらへて声々に唱《とな》（ふ）[29]。

ここには、一遍における「踊躍念仏」＝踊り念仏という身体の行が精神とのあいだにどのような関係で結ばれているかが、このうえなく明確に言語化されている。身体を穢土たる現世に捨てつつ精神を浄土に集中させ、ひとえに弥陀の本願を仰ぎもっぱら名号を称えれば、「心王」＝心それ自体にそなわっている如来がおのずから正しい悟りの蓮台に登り、その結果、この身のうちの「聖衆」が「踊躍」して「法界」＝真如の世界に赴くことができる。しかし、これは、自力のはたらきによるのではなく、ただ「他力」の不思議な「利益《りやく》」のみによること、つねに苦海に没する衆生を彼岸へ渡らしめる「法則」のみによることなのだ——これが、引用の前半部である。そして後半は——それゆえに、踊り念仏集団の行者は、その信心を「踊躍の皃〔形〕」に示し、阿弥陀仏が願いを聴き入れて許してくださったことを「金磬」＝鉦の響きに表して、長い眠りにふける衆生を目覚めさせ、迷える人々の「結縁」を勧めるのである。すると、竹馬を走らせる子供たちもこれを真似てあちらこちらで踊り、「蕉衣」を打つ寡婦もこれに倣って声々に念仏を称えるようになる。

読まれるとおり、ここで一遍はまず、行者が称名念仏をすることにより精神にそなわっている「如来」が「自然《じねん》」にはたらき始め、自身のうちなる「聖衆」が躍動して「法界」という精神世界に「あそぶ」と言うことで、行者の精神におきるプロセスが「自然《じねん》」であり、したがって自律的なプロセスであることを確認する。そして他方、そのようにして「他力難思の利益」にあずかるとき、行者はその喜びをさまざまな「踊躍の皃」という身体の運動として表現して、鉦を叩き、踊り、口々に称名するようになると言うことで、一遍は行者の身体に起きるプロセスもまた「自然《じねん》」であり、自律的なものであることを確認している。つまり、一遍における「踊躍」という身体の運動は、行者自身の精神＝意志の作用が起こすものではなく、両者は二元的な因果関係で結ばれているのではないこと、そうではなく、踊り念仏においては、精神も身体もそれぞれが「自然《じねん》」のはたらきに内在しており、両者のあいだには一般に想定されるような因果関係はなく、両者はともに称名念仏の効果であり、どちらかが超越し優位に立つような二元論は踊り念仏のうちにないことが、ここでは定式化されているのである。

デカルト的な心身二元論とそこにおける精神=自由意志による身体の「絶対的な支配」という論理を、「自然《じねん》」への内在における心身の並行的配置へと解体する一遍――ここにおいて私たちは、ふたたびスピノザを参照すべくうながされる。『エチカ』においてスピノザは、人間存在とその精神における身体の排他的重要性を語っている――

> 人間精神を構成する観念の対象の中に起こるすべてのことは、人間精神によって知覚されなければならぬ。あるいはその物について精神の中に必然的に観念があるであろう。言いかえれば、もし人間精神を構成する観念の対象が身体であるならその身体の中には精神によって知覚されないような（あるいはそれについてある観念が精神の中にないような）いかなることも起こりえないであろう。（第二部「精神の本性および起源について」定理一二）[30]

> 人間精神を構成する観念の対象は身体である、あるいは現実に存在するある延長の様態である、そしてそれ以外の何ものでもない。（同、定理一三）[31]

「いかなる点で人間精神が他の精神と異なるか、またいかなる点で人間精神が他の精神より優秀であるかを決定するため」には、「その対象の本性を、言いかえれば人間身体の本性を認識することが必要である」[32]とスピノザが言うとき、それはなによりも、デカルト的な精神による身体の支配、意志による身体に対する超越的制御と統括という幻想を斥けるためである。人間精神とは、身体の、観念なのであり、それも、「人間精神の現働的存在を構成する最初のものは、現実に存在するある個物の観念にほかならない」(同、定理一一)[33]と言われているように、それは身体一般(などといったものが仮にあるとして)の観念ではなく、「ある個物」＝一つの特異性としての身体の観念である。したがって、つねに「ある個物」＝一つの特異性としての身体の観念であるかぎりにおいて、精神はつねに変様し、触発される——

人間精神は身体が受ける触発《アフェクティオ》＝変様の観念によってのみ人間身体自身を認識し、またそれの存在することを知る。(同、定理一九)[34]

精神は身体の触発＝変様の観念を知覚する限りにおいてのみ自分自身を認識する。(同、定理二三)[35]

ここには精神‐身体の二元論はすでになく、また身体に対する精神＝意志の超越という思考もない。だが、そのことはスピノザが、デカルト的な精神の優越性に対していわゆる「身体の復権」などを主張していることをなんら意味しない。スピノザは、精神が身体を決定するという因果関係を斥けると同時に、身体が精神を決定するという因果関係をも斥ける。精神が身体の観念である、ということは、ただ精神が身体の諸変様に対応する観念の系列からなるということだけを意味しており、身体は精神から区別される自律的領域、その外部であり、両者のあいだにはいかなる実在的因果関係もない。このような心身並行論をめぐって、ドゥルーズはつぎのように書いている――

> 精神と身体、一方に起こることと他方に起こることはそれぞれに、したがって自律的である。この両者のあいだには、それでもやはり対応関係がある。なぜなら、すべての属性をもつただ一つの実体としての神が、唯一にして同一の秩序に従って一つひとつの属性においてそれを産み出すことなしには、なにも産み出すことはないからだ（EII7備考）。したがって思考のうちにも延長のうちにも唯一にして同じ秩序があり、さまざまな身体のうちにもさまざまな精神のうちにも唯一にして同じ秩序があるのである。〔…〕つまり、延長と思考のあいだ、一方において起こることと他方において起こることとのあいだには等しい威厳、原理の対等性がある。〔…〕それゆえ身体の系列と精神の系列とは、ただたんに同一の秩序を提示するだけでなく、等しい諸原理のもとで同一の連鎖を提示するのである。最後に、存在の同一性（イゾロジー〔*isologie*〕）が、同じものが、同じ様態的変様がある――それは思考属性においては一つの精神という様態のもとで、延長属性においては一つの身体という様態のもとで産み出されるのだから。[36]

一遍がその踊り念仏において産み出すのは、まさしくこの意味における同じ一つの様態的変様としての〈身体‐精神〉である。そして踊り念仏において賭けられているのは、その並行論における両者の「対応関係」をとおした精神の変様であり、変革にほかならない。

踊り念仏が、なによりも集団的実践、すなわち多数多様性の実践であることに留意しよう。人間精神が「ある個物」＝一つの特異性の観念であることは、すでに言った。一つの特異性であるということは、それが類の一般性に包摂され還元される特殊性ではなく、つねに多数多様性へと開かれていることを意味する。人間身体の組織および他の物体＝身体との関わりについて、スピノザはつぎのように言う――

人間身体は、本性を異にするきわめて多くの個体――そのおのおのがまたきわめて複雑な組織の――から組織されている。（第二部、定理一三の要請一）

人間身体を組織する個体、したがってまた人間身体自身は、外部の物体からきわめて多様の仕方で触発される。（同、要請三）

人間身体は自らを維持するためにきわめて多くの他の物体を要し、これらの物体からいわば絶えず更生される。（同、要請四）

人間身体は外部の物体をきわめて多くの仕方で動かし、かつこれにきわめて多くの仕方で影響することができる。（同、要請六）[37]

踊り念仏においてなにが起きるか。一遍は、そしてその「ともがら」たちは、称名念仏の声によってみずからの身体にはたらきかけると同時に他者の身体にはたらきかける。称名念仏のひと声が自己の身体を触発しつつ他者の身体を触発し、触発された身体たちはそのそれぞれが変様する。それもその際、身体たちは、その一つひとつの特異性に応じて多様な変様を遂げるのであり、こんどは変様した身体たちから、ふたたび、そして終わりなく反復される多様な称名念仏の声が発せられ、その触発に応えて自己の、そして他者の身体がさらに変様する。ここでは、精神は触発＝変様する身体の観念、触発＝変様する多数多様体の観念と化す。そして、事がそのようであるとすれば、この〈身体－精神〉の運動は、身体から超越してそれを支配し統御しようとするような意志のはたらきの一切を排除するだろう。称名念仏を作動因として駆動されるのが踊り念仏であるからには、そこで排除され、解体され、挫折に導かれることになるのは、なによりもまず、法然以前の諸宗派において形成され蓄積されてきたさまざまな「戒」が表現するような道徳的－超越的観念の審級である。身体性を重視するかに見えて、実のところ、身体を超越する純化され強化された精神性の獲得のために、最終的に身体性を捨象し、その意志によって身体から超出し得ると錯覚するあらゆる自力作善の行《ぎょう》に反して、踊り念仏はどこまでも〈身体－精神〉の並行論に根ざす。そこでは、意志によって中枢化された身体の代わりに、その場所に、非－中枢的なる生成変化する多数多様体としての身体が立ち現われるのだ。

そして、スピノザの哲学を参照することで明確化し得る踊り念仏の特性として、さらにもう一つ重要なポイントがある。それは身体の「現働的本質」としての「コナトゥス」である。一般に「努力」と訳されるこの語のうちには、しかし、道徳的な心的傾向性などの含意はまったくない。「コナトゥス」についてスピノザは、つぎのように書いている——

おのおのの物は自己の及ぶかぎり自己の存在に固執するように努める。（第三部「感情の起源および本性について」、定理六(38)）

おのおのの物が自己の存在に固執しようと努める努力《コナトゥス》は、その物の現働的本質にほかならない。（同、定理七(39)）

我々の身体の存在を排除する観念は我々の精神の中に存することができない。むしろそうした観念は我々の精神と相反するものである。
〔…〕精神の本質を構成する最初のものは現実に存在する身体の観念であるから（第二部定理一一および一三により）、我々の精神の最初にして最主要なものは、我々の身体の存在を肯定する努力《コナトゥス》である。（同、定理一〇および証明(40)）

あらゆる物、あらゆる身体にはみずからの存在を維持しようとする本質がある。それはみずからを排除しようとするあらゆる観念に抗って、みずからを肯定する存在の力能である。みずからの存在を維持し、その精神のうちにみずからを排除するような観念が介入することを斥けつつ、みずからの身体の存在を肯定する力能をつねに高めようとする現働的本質たる「コナトゥス」――踊り念仏の実践において一遍がその「ともがら」に与えたのは、身体におけるこのまったき肯定性への目覚めであり、それを最大化する無意識的な「努力」であるだろう。実際、先に引いた『一遍聖絵』のあのくだり、すなわち、称名念仏によって「他力難思の利益《りやく》」を得ることができた喜びを「踊躍の皃」に示すとき、そして「長眠の衆生」が「金磬の響」に「驚」かされて、踊り念仏の集団的運動の中へといざなわれるとき、そこに起きていたのは「身体の存在を肯定するコナトゥス」の発見であり、その発動以外のものではないはずだ。

かくして今や私たちは、踊り念仏の実践がもつ宗教的 - 倫理学的意味を、そしてその実践の主な行為体が被差別の民たる「非人」たち、「悪人」たちであったことの意味を、あらためて断言することができる。踊り念仏は、その集団的実践において、身体にはたらきかける。声高らかに称名念仏しつつ即興的かつ自由にたがいに身体を触発し、たがいの身体を変様させることで、その実践は、集団に属する多数多様な身体の一つひとつをその特異性において触発 = 変様させ、その結果、身体の観念の系列である精神もまた並行論的に触発され、変様を遂げる。そして踊り念仏する衆生が、その実践の端緒において、同時代の社会の象徴秩序を構成している宗教的 - 道徳的な支配的観念の系列によって差別され、蔑視される存在なのであってみれば、衆生はその身体を変様させることで、みずからを抑圧し、排除してきた観念の系列そのものを変様させることができる。踊り念仏の衆生は、みずからを「非人」呼ばわりしていた宗教的－道徳的な観念の巨大な系列、みずからを「悪人」呼ばわりしていた宗教的－道徳的な観念の巨大な系列を、称え踊る身体の触発＝変様、称え踊る身体の非－中枢的なる生成変化によって変革し、その身体のコナトゥスのまったき肯定性において、巨大な抑圧からみずからを解放することができるのだ。すなわち、称名念仏する多数多様な身体たちによる反－道徳的なる宗教革命。

私たちは、一遍における被差別の民との結び合い、「浄不浄をきらはず」にすべての衆生を迎え入れるその歓待的な救いの実践の現場を見てきた。その身からすべてを捨て果てたがゆえにすべてを肯定できるこの稀なアクティヴィストの教えを、今日私たちはどこで、どのように実行すべきか。例外者だけに可能なのでは決してないこの教えを私たちが引き受けるとき、そのときにこそこの社会は浄土へと一歩、近づくだろう。

註

（1）『一遍上人全集』橘俊道・梅谷繁樹訳、春秋社、二〇一二年、八頁。
（2）同書、一五頁。
（3）同書、一一八頁。
（4）同書、一八頁。
（5）同書、一九頁。強調引用者。
（6）同書、二〇頁。

（7）同書、二一頁。
（8）同書、四二頁。
（9）同右。強調引用者。
（10）同書、四三頁。強調引用者。
（11）同書、六七頁。強調引用者。
（12）同書、二九頁。強調引用者。
（13）同書、二七頁。
（14）『浄土真宗聖典全書（二）宗祖篇上』教学伝道研究センター編、本願寺出版、二〇一六年、九八〇頁。旧字を新字に表記変更。最後の二句は割註式二行書きから一行書きに変更。
（15）『一遍上人全集』前掲書、一〇二―一〇三頁。
（16）一般には「簓」＝〈細かく割った竹を束ねた道具・民俗楽器〉を「摺る」と表記される。簓を摺りながら雑芸を演ずること。一遍の時代には、とりわけ説経節・門説経を指した。
（17）『新修 日本絵巻物全集』第27巻、「天狗草紙 是害房繪」、角川書店、一九七八年、九〇頁。旧字を新字に表記変更。また適宜、句読点・ルビを補った。
（18）『一遍上人全集』前掲書、三二頁。
（19）同書、三三頁。
（20）ルネ・デカルト『情念論（精神の諸情念）』野田又夫訳、『デカルト』「世界の名著22」、中央公論社、一九六七年所収、四一三―四一四頁。
（21）同書、四二二頁。表記の統一上、原文中の訳者補足でない亀甲〔 〕をマル括弧（ ）に変更。
（22）同書、四二三頁。
（23）同書、四二八―四二九頁。強調引用者。
（24）同書、四三一頁。
（25）同書、四三四頁。強調引用者。
（26）同書、四三七頁。

（27）同書、四三九頁。
（28）同書、四四一頁。強調引用者。
（29）『一遍上人全集』前掲書、三三一―三三三頁。
（30）バルーフ・デ・スピノザ『エチカ　倫理学（上）』畠中尚志訳、岩波文庫、二〇一一年、一二九頁。強調引用者。
（31）同書、一三〇頁。強調引用者。
（32）同書、一三一―一三二頁。
（33）同書、一二七頁。「現実的」を「現働的」に、「有」を「存在」に変更。
（34）同書、一四九頁。「刺激」を「触発＝変様」に変更。
（35）同書、一五三頁。「変状」を「触発＝変様」に変更。
（36）Gilles Deleuze, *Spinoza—Philosophie pratique*, Éd.de Minuit, pp. 93-94.（ジル・ドゥルーズ『スピノザ――実践の哲学』鈴木雅大訳、平凡社ライブラリー、二〇一四年、一三四―一三五頁）。強調引用者。訳文は引用者による。
（37）スピノザ、前掲書、一四〇―一四一頁。「刺激」を「触発」に変更。
（38）同書、二一四頁。「有」を「存在」に変更。
（39）同書、二一五頁。「有」を「存在」に、「現実的」を「現働的」に変更。強調引用者。
（40）同書、二一七頁。強調引用者。

第Ⅳ部　浄土革命のほうへ

第一章　「立正安国」という問い

（一）「先づ国家を祈つて、須く仏法を立つべし」——排撃される専修念仏

「一切衆生をして平等に往生せしめん」とする法然に始まった専修念仏の教えが、同時代の庶民階級にきわめて広く受け容れられたのみならず、後白河・後鳥羽の二代天皇や九条兼実・熊谷次郎直実をはじめとする多くの公家・公卿・武家にも信奉者を得るなど支配階級にも支持されたことは、この教えが社会のすみずみまで浸透する高い包摂力をそなえていたことを雄弁に物語る。しかし、その汎社会的な影響力のゆえにこそ、専修念仏はいくども攻撃され、弾圧されることにもなった。存命中、その最晩年に法然は繰り返し試練に晒されるが、「元久の法難」と呼ばれるその第一は、一二〇四〔元久元〕年に比叡山・延暦寺の僧たちが起こした天台座主への専修念仏停止《ちょうじ》を求める訴えである。これは、法然が『七箇条制誡』という念仏者の堕落を戒める文書を門弟一九〇名の署名を添えて延暦寺に提出することでいったんは沈静化するが、専修念仏の拡大を恐れる先行諸宗派からの攻撃は続いた。翌一二〇五〔元久二〕年には、法相宗・興福寺が『興福寺奏状』を後鳥羽院に送り、専修念仏を激しく非難、法然とその門弟たちを処罰するよう訴え出る。後鳥羽院はこの時点ではいまだ法然の理解者であったため、この『奏状』は所期の効果をあげなかったが、さらにその

翌年、一二〇六〔建永元〕年一二月、後鳥羽院が熊野詣に出向いているあいだに法然の弟子が主催する「六時礼讃」の法会に感銘した二人の女官が無断で出家するに至って、後鳥羽院は激怒し、一二〇七〔建永二〕年に主催者の二人を処刑し、二月には念仏停止の断を下すと同時に、法然を土佐への流刑に処した〔配流への過程で九条兼実が庇護的に介入したことにより、法然は結局、讃岐国に滞在することとなる〕。これが「建永の法難」であり、法然は同年一二月に赦免されるものの、京の都へ戻るのは、摂津国豊島郡〔現・大阪府箕面市〕・勝尾寺での約二年の逗留を経たのち、一二一一〔建暦元〕年に入ってからのことであった。その翌年の一月二五日に、法然は入滅する。

これらの法難は、天台宗・法相宗をはじめとする持戒と修行による心身の厳しい訓育を旨とする先行諸宗派が専修念仏の拡がりによってその教義の根幹を揺るがされ、その影響力と支配圏を低減・縮小されることを危惧したがために起きた出来事であり、その最初の具体的な現れであったわけだが、究極の易行たる称名念仏に凝縮された法然の教えは、そのラディカルな波及力のゆえに、これ以後もさまざまな宗派からの攻撃・非難を受け続けることになる。

法然の没後に起きたもう一つの法難、「嘉禄の法難」と呼ばれる事件もまた、天台宗の側からの攻撃であった。天台宗の僧・定照が法然の『選択集』〔『選択本願念仏集』〕を非難する『弾選択』〔原本が失われ成立年は不詳だが、一二二〇年代前半と推測される〕を著したのに対し、法然没後の浄土宗の有力者・隆寛が一二二五〔元仁二〕年『選択集』を擁護する『顕選択』でこれに反論、隆寛の弟子が東国へこの書を広めると多くの道俗の支持を集めた。この世評に憤った定照が両書のいずれに理があるかを問うべく比叡山に送ったところ、延暦寺は『顕選択』を強く問題視し、三塔の僉議《せんぎ》

（東塔・西塔・横川からなる延暦寺の全体評議）により朝廷に奏聞《そうもん》し念仏停止を求めるにいたる。その一方で、延暦寺は朝廷の判断を待たずに、一二二七〔嘉禄三〕年六月、祇園社〔八坂神社〕の犬神人《いぬじにん》を使って法然の廟堂を破壊、さらに遺骸を鴨川に流そうとした。この動きを察知した信空と覚阿が遺骸を密かに掘り出して太秦《うずまさ》の広隆寺にいったん改葬する。その直後の七月、延暦寺の要求を受け容れた朝廷は、『顕選択』の著者隆寛、「一念義」を説いた幸西、そして空阿の三名の有力僧を流罪に処すと同時に、専修念仏停止を宣下する。さらに一〇月には、『選択集』を謗法の書と見なす延暦寺は、その版木——法然没後まもなく出版された建暦版と考えられている——を入手し大講堂の前で焼き捨てるに及んだ。その翌年、一二二八〔安貞二〕年一月に、法然の遺骸は西山の幸阿のもとへ移されて最終的に荼毘に付され、遺骨は二尊院に建立された雁塔《がんとう》に納められた。これが「嘉禄の法難」の経緯である。

「元久」「建永」「嘉禄」の三大法難と呼ばれるこれらの事件をとおして見えてくるのは、やはり先行諸宗派が保持してきた聖道門の教えに対して法然の浄土門の教えがいかに革新的なものであったか、自力作善のさまざまな苦行に対して他力の称名念仏という易行がいかに「時機相応」＝時代状況とその中での衆生の機根に適した救いの方法論であったかということであり、それゆえに先行諸宗派にとっての真の脅威であったという事実である。どんな持戒や修行をも往生の条件とすることなく、ただ称名念仏という易行のみを往生の条件なき条件とし、万人に救いへの道を開く法然の教えは、必然的に真言・法相・天台などの既成教団が蓄積に努めてきた「文化資本」〔ピエール・ブルデュー〕をことごとく無価値化することになる。称名念仏の教えは、社会の宗教的－文化的階層秩序を組み替える効果をそなえており、その実践はまさしく、衆生による階級闘争であったのだ。

事実、「建永の法難」の際に法然の直弟子として同時に処罰され越後に流罪となった親鸞のその後の教えの展開はどうであったか。親鸞は一二一一〔建暦元〕年に赦免されるが、ただちに京へ戻るかわりに、越後でさらに二年あまりを過ごしたのち、一二一四〔建保二〕年、東国・常陸に移住しそれ以後約二〇年ものあいだ関東各地で布教活動を行なう。その布教活動の中から、真仏（一二〇九〔承元三〕－一二五八〔正嘉二〕年）を中心とする専修念仏の信仰集団が下野〔栃木県〕高田に生まれ、やがて高田門徒として陸奥国〔磐城・岩代・陸前・陸中・陸奥の東北五ヵ国〕から東海地方へと教線を拡張し、初期真宗教団が形成・展開されることになる。他方、親鸞の没後、親鸞の遺骨は娘の覚信尼が京・大谷に建てた廟堂に納められるが、その廟堂が曽孫・覚如（一二七〇〔文永七〕－一三五一〔観応二〕年）によって本願寺として寺院化され、教団統一が図られる。この当時は、高田門徒の系譜にある仏光寺派と覚如の本願寺派が対立していたが、本願寺第八世の蓮如（一四一五〔応永二二〕－一四九九〔明応八〕年）にいたって組織化が進み、一四六五〔寛正六〕年に比叡山衆徒によって本願寺の破却に遭うものの、蓮如は一四七一〔文明三〕年には越前〔福井県〕の吉崎に拠点を移しその地から活発な布教活動を行なった結果、農民層を中心にきわめて広範囲に——北陸から東海・東国・奥州にいたるまで——専修念仏の教えが定着した。そして、その教化を受けた農民たちが戦国領主と対立して抵抗の闘いを起こすようになる。これがかの「一向一揆」である。農村の自治組織である「惣《そう》」の代表者たちは真宗門徒となることで結束を高め、土地の武士をも組織に取り込んでいくことにより、実力をそなえるようになり、一四七四〔文明六〕年、加賀〔石川県〕の守護・富樫政親《とがしまさちか》とその弟の幸千代との対立に際して本願寺門徒が政親側につき勝利へ導いたのが最初に大きな勢力を示した事件であったが、その後、さらに勢力を増した本願寺門徒は、一四八八〔長享二〕年には政親とも衝突し、やがて、約一世紀のあいだ加賀の国を実効支配するにいたった。そして本願寺門徒の巨大な組織は、戦国諸大名ともさまざまな抵抗・抗争の闘いを交え、最終的には織田信長とのあいだで「石山合戦」(一五七〇〔元亀元〕-一五八〇〔天正八〕年)を闘うことになったのは、広く知られている。かくして、法然-親鸞に淵源する専修念仏の信仰集団は、つねに社会の抑圧的な階層秩序に抗い、その支配と収奪の構造を打破しようとする衆生の力であり続けたのである。

ところで、専修念仏の教えが攻撃され、激しく非難されたのは、しかし、みずからの教義を墨守しその影響力と権益を維持しようとする先行諸宗派からだけではなかった。天台系からの攻撃や論難は依然として繰り返されたが、法然の没後に現れた仏教者の中にも専修念仏に対する批判者がいた。その最大にして体系的な批判の実行者こそは、日蓮である。

日蓮による法然の専修念仏に対する激しい批判、専修念仏の教えを排撃し、まるごと一掃すべしというその主張はなぜなされたか。それは、私たちがこの本の出発点において確認しておいた末法という時代の現実、とりわけ頻発する自然災害・疫病・飢饉という社会の現実的な危機を直視するがゆえであり、日蓮は、その危機を乗り越えるために専修念仏を打破する必要があると考えたのである。

『立正安国論』(一二六〇〔文応元〕年)において日蓮はなにをどのように語っているか。客人と主人との問答形式で書かれた全一〇段からなるこの書は、災害の続く世相を嘆く客人のつぎの言葉から始まる――

旅客《りよかく》来つて嘆いて曰く、「近年より近日に至るまで、天変・地夭《ちえう》・飢饉・疫癘《えきれい》、遍《あまね》く天下に満ち、広く地上に迸《はびこ》る。牛馬巷《ちまた》に斃《たふ》れ、骸骨路《みち》に充《み》てり。死を招く輩《ともがら》、既に大半を超え、之《これ》を悲しまざる族《やから》、敢《あへ》て一人も無し。（一）」

『立正安国論』執筆に先立つ数年間は、自然災害と飢饉、そして疫病が続いた災厄の年月だった。一二五七〔正嘉元〕年八月二三日に鎌倉地方を襲った巨大地震――相模トラフを震源とするマグニチュード七・〇～七・五級の地震だったと推定されている――、一二五八〔正嘉二〕年から翌年にかけての大飢饉――冷夏と旧暦八月一〇日に上陸した大型台風のため、この二年間は大凶作であった――、そして飢饉に起因すると思われる一二五九〔正元元〕年から翌年にかけての疫病の大流行――これらの悲惨な現実を指して、この「旅客」は「之を悲しまざる族」「一人も無し」と嘆いているのである。そして続けて「旅客」は言う――この災厄に直面して、ある者は善導に依拠して西方極楽浄土の阿弥陀仏の名を称え、ある者は薬師如来の経典を読誦して病の治癒を祈願し、ある者は「病即消滅　不老不死」という『法華経』の言葉を仰いで崇め、ある者は『仁王経《にんのうきょう》』の「七難即滅　七福即生」の句によって、ある者は真言密教の祈禱によって、ある者は坐禅入定《にゅうじょう》によって災いを祓おうとしている。また、人々も「七鬼神」の名や五大力菩薩の像を描いて家々に懸けたり、天地の神々に礼拝して四角四界祭を行なっているし、「国主」＝国を司る権力者も「万民百姓」を哀れんで「徳政」を執り行なっている。しかし、懸命の祈願も甲斐なく、飢饉や疫病はますます猛威をふるい、巷には死屍累々である。太陽も月も、木・火・土・金・水の五星も正しく運行しているし、仏・法・僧の「三宝」はこの世にあり、「国王」＝天皇の百代の命運が尽きたわけでもない。にもかかわらず、この世が早くも衰え、仏法が廃《すた》れてしまったのはなぜか。これはいかなる禍いにより、いかなる誤りによって起きた事態であるのか。

主人は、客のこの嘆きに共感し、納得のいくまで語り合おうと応じ、そもそも出家して仏道に入るのは仏法によって成仏しようと願うゆえのはずだが、今は神仏もその効験を見せず、つぶさに当世のありさまを見てみると、人々は愚かにも来世の安楽に疑いをおこしていると言ったうえで、つぎのように続ける――

倩《つらつら》微管を傾け、聊《いささ》か経文を披《ひら》きたるに、世《よ》皆正《しやう》に背き、人悉く悪に帰す。故に、善神《ぜんじん》は国を捨てて相去り、聖人は所《ところ》を辞して還らず。是を以て、魔来《まきた》り鬼来《きた》り、災起り難起る。言はずんばある可《べ》からず。恐れずんばある可からず。(2)

世がみな正しい教えに背き、人々がことごとく悪しき教えに従っているがゆえに、善神＝梵天・帝釈天・四天王などの仏法と国土を守護する神々が国を捨てて去り、聖人＝人々を導き救う仏の化身もいるべき場所から去って還らない。それゆえに現在の災厄の数々が起きているのだ――第一段のこの結びにすでに、正しき仏法の回復による「国」の守護という主人の基本的思考が打ち出されている点に留意しておこう。実際、『立正安国論』の議論は、この一点のみを中心に組み立てられていくことになる。

第二段で、善神と聖人が国土を去ったがゆえに災禍が頻発しているという主人の説は、どの経典に出てくるのか、その根拠を聞きたいという客の問いに対し、主人は『金光明経《こんこうみょうきょう》』『大集経《だいじっきょう》』『仁《にん》王経《のうきょう》』『薬師経』から、善神と聖人が国を捨てることによって天変地異が起き、国土が災禍で被われることを説いたくだりの数々を引用して示したうえで、これらの教えが明白で疑い得ないにもかかわらず、これを見ず、これに耳を傾けようとしない者たち、心の迷える者たちが「妄《みだ》りに邪説を信じて、正教《しやうげう》を弁《わきま》へ」ず、諸仏や諸経を「捨離」する心をもつばかりで、護持する志がないと言い、自説を再度主張する――「仍《よ》つて、善神・聖人、国を捨て所を去る。是《ここ》を以て、悪鬼《あつき》・外道《げだう》、災を成し難を致す[3]」。

これに対して客は、第三段の冒頭で、怒って顔色を変えて反論する――後漢の明帝や聖徳太子以来の伝統を継承するこの国では、上は天皇から下は万民にいたるまで仏像を崇め、経典を尊んできた。そして今や、比叡山・南都七大寺・園城寺・東寺をはじめとして日本中、五畿七道《ごきしちどう》に仏教は星々のごとく連なり、仏堂は雲のごとく広がっている。舎利弗《しゃりほつ》の系譜にある者たちは霊鷲山《りょうしゅせん》上の月のごとき釈尊説法を思い、鶴勒那夜奢《かくろくなやしゃ》の流れを汲む者たちは鶏足山に没した大迦葉の禅の宗風を伝えている。いったい誰が釈尊一代の教えを軽んじ、三宝を廃《すた》れさせているとあなたは言うのか。主人はこれを受けて、たしかに寺院と僧侶の数は夥しく、仏法に対する人々の崇敬は年を重ね、尊貴の念は日々新たではあるが、しかし、法師は媚び諂い、人倫を惑わし、国王・臣下は不覚であって仏法の正邪を見分けることができないと言い、その証拠として『仁王経』『涅槃経』『法華経』から、悪世には「悪比丘」が現れ、在家のためにもっともらしく法を説き、法華の行者であるわれらを罵り、正法を誹謗することになるだろうという予言を引く。そして――「文《もん》に就いて世を見るに、誠に以て然《しか》なり。悪侶《あくりよ》を誡めざれば、豈《あに》、善事を成さん哉」[4]〔これらの経文に照らして世の中を見れば、まさにそのとおりのことが起きており、悪僧を誡めることなくしてどうして善事を成就することができようか〕。

ここまでの三段はいわば導入のための一般論であり、争点が一気に具体化するのは続く第四段からである。客はますます憤って言う――世の僧侶は天下の人々の帰依するところであり、悪僧ならば名君がこれを信ずるわけがない。なぜあなたは妄言を吐き、世の高僧がたを強引に誹謗するのか。あなたは、いったい誰を指して悪比丘と言っているのか。この問いに答えて、主人曰く――

主人曰く、「後鳥羽院の御宇《ぎよう》に法然といふもの有り、選択集を作る。則ち一代の聖教《しやうげう》を破し、遍く十方の衆生を迷はす。〔…〕曇鸞・道綽・善導の謬釈《びうしやく》を引いて、聖道・浄土・難行・易行の旨《むね》を建て、法華・真言、総じて一代の大乗、六百三十七部、二千八百八十三巻、一切の諸仏菩薩、及び諸世の天等を以て、皆、聖道《しやうだう》・難行・雑行《ざふぎやう》等に摂して、或は捨《す》て、或は閉《と》ぢ、或は閣《さしお》き、或は抛《なげう》つ。此の四字を以て、多く一切を迷はし、剰《あまつさ》へ三国の聖僧《しやうそう》、十方の仏弟《ぶつてい》を以て、皆、群賊《ぐんぞく》と号し、併せて罵詈《めり》せしむ。〔…〕於是《ここに》、代《よ》末代《まつだい》に及び、人聖人《ひとしやうにん》に非ず。各《おのおの》冥衢《みやうく》に容《い》りて、並《ならび》に直道《ぢきだう》を忘る。悲しい哉、瞳矇《どうもう》を拊《う》たず、痛ましい哉、徒《いたづ》らに邪信を催す。故に上《かみ》国王より下《しも》土民に至るまで、皆《みな》経は浄土三部の外《ほか》に経無く、仏は弥陀三尊の外の仏無しと謂《おも》へり。〔…〕是偏《これひと》へに法然の選択に依る也。悲しい哉、数十年の間、百千万の人、魔縁に蕩《とらか》されて、多く仏教に迷へり。傍《ほう》を好んで正《しやう》を忘る、善神怒《いかり》を成さざらん哉。円《えん》を捨てて偏《へん》を好む、悪鬼《あつき》便《たより》を得ざらん哉。彼の万祈《ばんき》を修せんは、此の一凶《いつきよう》を禁ぜんには如《し》かず」（5）。

語られていることは明確である。「悪比丘」とは法然のことであり、その主著『選択集』こそは諸悪の根源である。それはこの書が、曇鸞・道綽・善導の誤った解釈に準拠して聖道門／浄土門、難行／易行の区別をし、法華・真言をはじめ釈尊が生涯にわたって説いた大乗経典、および一切の仏・菩薩・諸世界の天部をことごとく聖道・難行・雑行の範疇に入れたうえで、それらを捨てたり、閉ざしたり、閣《さしお》いたり、抛《なげう》ったりすべきだと説いているからだ。そのせいで、上は天皇から下は万民にいたるまで、浄土三部経以外に経典はなく、阿弥陀仏以外に仏はないと思い込んでしまっている。これでどうして善神が怒らないことがあろうか、どうして悪鬼が隙をうかがわないことがあろうか。だから、万の祈禱を修するよりも、このただ一つの元凶を禁ずることが大切なのだ……。

　これ以降、『立正安国論』は、この主人の主張を客に理解させ、受け容れさせる説得の漸進的な記述となる。はじめ客は強く反発し、法然が曇鸞・道綽・善導・源信の系譜を継ぐ正統であり、その教えに万人が帰依してきたことを強調し、かつ、近年の災禍の原因を後鳥羽院の時代にまで遡って求め、法然を非難するとはなにごとかと言う。それに対して主人は、客が時代のドグマに染まって善悪の区別がつかなくなっているだけだと応ずる。事の起こりから話せば、そもそも釈尊が生涯に説いた法には「一代五時」と呼ばれる順序があり、権教《ごんきょう》と実教《じっきょう》、すなわち先に書かれた方便の教えと後に書かれた真実の教えがある。前者である浄土三部経に準拠し、後者である法華経を捨てるのは「仏教の淵底」を知らぬ浅はかな者であり、とりわけ「捨閉閣抛《しゃへいかくほう》」の四字によって「一切衆生の心」(6)を惑わした法然の「妄語」はいくら責めても責め足りないほどだ。また、唐の武宗《ぶそう》皇帝も勅令を下して阿弥陀仏の教えを諸寺に広めさせたが、その結果、翌年から「回鶻国《かいこつこく》」〔ウイグル〕の軍が国境を侵し、河北の節度使が叛乱を起こし、「大蕃国《だいばんこく》」〔チベット〕が唐の命令を拒み、さらに「回鶻国」が侵略を繰り返し、ついに武宗帝は滅亡するに至った。「彼の院の御事」＝後鳥羽院が承久の乱を起こすも鎌倉幕府に鎮圧され、配流されたことは周知のとおりであり、念仏が災禍をもたらす先例は唐にもあり、この国にも証拠がある。だから、今はただ元凶たる念仏を捨てて善に帰し、災いの源を塞いで根を断ち切らねばならない〔「唯須く凶を捨てて善に帰し、源を塞いで根を截るべし」(7)〕。

　ここに至って、客は主人の主張を受け容れ始める。客は、話の趣旨は分かったがあなたのような「賤しき身」が朝廷や幕府へ「上奏に及(8)」ぶのは前例がないことではないのかと念を押すが、主人から、先に私たちが見た「三大法難」における延暦寺・興福寺による訴えとそれを受けた朝廷による念仏停止の勅宣、比叡山の僧徒による『選択集』の版木の焼き捨て、さらには「感神院《かんじゐん》」〔祇園社〕の犬神人《いぬじにん》」(9)を使った法然の廟堂の破壊という史実を伝えられると、ほぼ説得される。客は、法然があなたの指摘する「捨・閉・閣・抛」の四字で大乗経典・諸仏菩薩・諸天を片づけようとしたことは確かだが、あなたが賢者なのか愚者なのか、正しいのか間違っているのかいまだ「定め難」いと留保をつけたうえで、つぎのように言うのである――

所詮、天下泰平・国土安穏は君臣の楽《ねが》ふ所、土民《どみん》の思ふ所也。夫《そ》れ、国は法に依《よ》つて昌《さか》え、法は人に因《よ》つて貴《たつと》し。国亡び人滅せば、仏を誰か崇《あが》む可《べ》く、法を誰か信ず可き哉。先《ま》づ国家を祈つて、須《すべから》く仏法を立つべし。若《も》し災《わざはひ》を消し、難《なん》を止《とど》むるの術《じゅつ》有らば、聞かんと欲す。[10]

結局、天下の泰平と国土の安穏は君臣がともに願うところであり、万民の思うところである。そもそも、国は仏法によって栄え、仏法はそれを信ずる人によって貴しとされる。国が亡び人が滅びてしまったら、いったい誰が仏を崇め、誰が仏法を信じようか。それゆえ、まず国家を祈ってから、仏法を立てるべきである。もし、この災いを消し去り、難をとどめるすべがあるのならば、お聞かせ願いたい。これに対して主人は、こう応ずる――

抑《そもそも》治術の旨、内外《ないげ》の間に、其の文幾多《もんいくばく》ぞ。具《つぶさ》に挙《あ》ぐ可きこと難し。但し仏道に入つて、数《しばしば》愚案を廻《めぐ》らすに、謗法《はうぼう》の人を禁じて、正道《しやうだう》の侶《ともがら》を重んぜば、国中安穏にして天下泰平ならん。[11]

国を治める方法は、仏法にも仏法以外にもその論は数多くあり、つぶさに挙げることはできない。だが、仏道に入っていろいろ考えてみるに、正法を誹謗する者を禁圧して、正しい仏道の人を重んずれば、国中が安穏となり天下は泰平となるだろう……。

この問答が『立正安国論』の核心であり、客人と主人の対話の弁証法的綜合こそが、日蓮の主張であることは間違いない。「先づ国家を祈って、須く仏法を立つべし」という一句については、すでに幾多の解釈と議論が重ねられてきた。長く支持されてきた解釈は、ここに「仏法」に対する「国家」の優先、すなわち王法の優先を見て取り、日蓮がいわゆる「王法為本」を主張しているとする解釈である。それに対して、この一句が客の発言であることから、これは日蓮の主張そのものではなく、この時代の常識を反映した意見であり、日蓮はそのような常識を踏まえたうえで、法然による謗法を斥け正しい仏法を回復することをとおして「国中安穏」と「天下泰平」を実現せよと言っているのだから、むしろ新たな「仏法為本」を主張しているのだという解釈も近年ではなされている。

だが、「王法為本」にせよ「仏法為本」にせよ、『立正安国論』が客人と主人との対話からなる書である以上、そのどちらかのみに日蓮の主張を帰着させるべきではない。前提として「先づ国家を祈つて、須く仏法を立つべし」の一句が、伝統的な意味での「王法為本」ではないこと、すなわち、ひとり天皇のみを中心とする統治の法を優先するという意味ではないことは、この言葉の置かれた文脈からただちに理解される。国が亡んでしまったら、人民も滅びることになり、その結果、仏を崇め仏法を信ずる者がいなくなってしまう。それゆえに、統治機構としての国家の安定をまず図ることが必要なのだ、というのがここでの論理であり、つまりは人民の平穏を保障する政治の実現を求めているのが、この一句なのである。そして、これが客のみの主張ではなく、主人と客が共有する思考の表現であることは、別の箇所を見ることで確認できる。『立正安国論』の事実上の結論部分である第九段には、つぎのような対話が読まれる。法然の『選択集』のせいで「聖人」が「国を去り」「善神」が「所を捨て」、「天下飢渇」し「世上」に「疫病」が拡がったという主人に完全に同意し、今や自分の「妄執」が「翻」ったと述べたうえで、客は続ける——

所詮、国土泰平・天下安穏は、一人《いちにん》より万民に至るまで、好む所也、楽《ねが》ふ所也。早く一闡提《いっせんだい》の施を止めて、永く衆の僧尼の供《く》を致し、仏海《ぶっかい》の白浪を収め、法山《ほうざん》の緑林を截《き》らば、世は羲農《ぎのう》の世と成り、国は唐虞《とうぐ》の国と為《な》らん。然《しか》して後、法水《ほっすい》の浅深を斟酌し、仏家の棟梁を崇重《そうぢゅう》せん。(12)

結局、国土の泰平・天下の安穏は、ひとり天皇から万民にいたるまで好むところであり、願うところである。早く一闡提〔＝正法を誹謗し成仏の縁を欠く者〕に対する布施をやめて、永く多数の僧尼に供養し、仏教界を乱す者らを鎮圧し、正法の山にいる盗賊どもを退治すれば、世は〔中国古代の〕伏羲《ふっき》・神農《しんのう》のごとき理想の世となり、国は〔中国古代の名君たる〕尭《ぎょう》・舜《しゅん》の頃の理想の国となるだろう。そうなった後に、仏教のさまざまな教義の浅深を見極め、仏教界の棟梁たる人を崇め尊重することとしよう——この言葉を聞いた主人は喜び、客と同じ考えを集約してつぎのように言う——

帝王は国家を基《もと》として天下を治め、人臣は田園を領して世上《せじゃう》を保つ。〔…〕国を失ひ家を滅せば、何れの所にか世を遁《のが》れん。汝須《すべから》く、一身の安堵を思はば、先づ四表《しへう》〔＝四方〕の静謐を祈るべきもの歟《か》。[13]

読まれるように、「国土泰平・天下安穏」が第一の課題だが、そのためにこそ「一闡提」たる法然とその宗門の僧たちを排除することが必要なのであり、その結果、安定した国家の統治を回復することができ、仏教の教えをあらためて定位し直すことができるようになる。「先づ国家を祈つて、須く仏法を立つべし」という先の客の一句と「汝須く、一身の安堵を思はば、先づ四表の静謐を祈るべき」という結論部分での主人の一句は、完全に一致し、たがいを照らし合っている。

そうだとすれば、『立正安国論』における日蓮による法然批判は、たんに同時代の天変地異や疫病の魔を祓うためだけになされているのではないだろう。日蓮の主張が、伝統的な「王法為本」ではないのは無論のこと、『選択集』の法然の教えを謗法の邪説として斥け正法をあらためて打ち立てようとする新たな「仏法為本」であると解釈して済ませるのもまた不充分である。日蓮の思考が法然のそれと相容れない理由は、法然が権教である浄土三部経に準拠し、日蓮が実教たる法華経に準拠しているという根本経典の違いに還元されるものではない。だがそれでは、両者を隔てる差異はいったいどこにあるのか。

(二)「王法/仏法」の彼方——主権権力と念仏の衆生

主権権力と仏法の新たな関係を打ち立てること——日蓮の思考の真の賭札がそこにあったことは疑いを入れない。第一に、「先づ国家を祈つて、須く仏法を立つべし」というテーゼが、たんに仏法に対する国家＝王法の優先を主張しているわけではない点に留意しよう。私たちがすでに見てきたように、日蓮が国家を祈ることを先に位置づけるのは、国家の滅亡や混乱が人民の滅亡や混乱に直結するから、国家の衰退が仏教信仰の衰退に直結するからであり、統治機構としての国家を安定的に機能させ、人民の生存と生活を保障することによってこそ仏法の隆盛が期待されると日蓮が考えているからであって、したがってそれは、ひとり天皇のみを頂点とする社会秩序の墨守を目指す旧来の「王法為本」ではなく、むしろ人民の保護装置としての共同体の形成と発展を企図するという意味＝方向性での国家への祈りである。

第二に、そこから見るとこの日蓮の論理は、王法と仏法がたがいを保障し合うという点で、平安末期、一二世紀に入ってから確立された「王法仏法相依《そうえ》論」を継承し更新した論理であるとも映る。しかし、平安末期における「王法」があくまでも天皇を頂点とする政治の支配秩序を意味し、「仏法」がそれと「相依」すると言うときも、「仏法」が世俗的権力に対して相対的な自律性を保ちつつ、しかし、「王法」＝天皇の権威を「仏法」の側が補強し下支えすることでみずからの安定をも図る、という意味合いを拭えない。この点を明確化しているのが、まさしく法然とその専修念仏の教えを非難した『興福寺奏状』であることは想起しておくべきである。この『奏状』は、専修念仏に「九箇条の失」＝九つの重大な咎があるとしてそれらを詳述・列挙するものだが、その「第九」はつぎのように書く――

第九に国土を乱る失。仏法・王法猶し身心のごとし、互にその安否を見、宜しくかの盛衰を知るべし。〔…〕願ふところは、ただ諸宗と念仏と、あたかも乳水のごとく、仏法と王道と、永く乾坤《けんこん》に均《ひと》しからんことなり。しかるに諸宗は皆念仏を信じて異心なしと雖《いへど》も、専修は深く諸宗を嫌ひ、同座に及ばず、水火並び難く、進退惟《こ》れ谷《きは》まる。(14)

仏法と天皇の法は体と心のようなものであり、たがいにその安否を気遣い、ぜひともその盛衰を知らねばならない。われわれの願いは、ただ諸宗と念仏があたかも乳と水のようであり、仏法と天皇の定める政治の道とが永遠に天と地に等しくあれ、ということなのだ。ところが、諸宗はみな念仏を信じてたがいに異心〔裏切り・ふたごころ〕がないのに、専修念仏の浄土宗だけが諸宗を深く嫌って、ともにあろうとせず、水と火のように共存できず、これではどうすることもできないではないか——ここではたしかに「仏法」と「王法」が「身心」のごとく一体不二のものであり、「仏法」と「王道」が天と地に等しいことが言われてはいる。だが、両者の関係はけっして対等ではない。これに先立つ「第五」の「失」として『奏状』は、歴代の高僧たちが神社に参じ「神明」を拝してきたのに、専修念仏者だけが「霊神に背」いていると非難してこう書いている——「神明もし拝するに足らざれば、如何ぞ聖体を法門の上に安ぜんや。末世の沙門《しやもん》、なほ君臣を敬す、況んや霊神においてをや(15)」。つまり、「法門」は「聖体」=天皇の身体を「上」に戴くべきものであり、「沙門」=僧侶は「君臣」=天皇とその臣下を「敬す」べきだというのが、この当時の常識だったのである。したがって平安末期における「王法仏法相依論」は、王法優位を大前提とする相互補完性の論理であると言える。

これと比較するとき、日蓮が「王法」と「仏法」の相互補完性を言うとき、そこにまったく別種の意味を込めていることが理解される。平安末期における「王法」と日蓮の時代における「王法」の決定的な差異――それは言うまでもなく、国家の統治権力が天皇家から鎌倉幕府へ移行したことであり、日蓮は時代のこの転換をきわめて強く意識していた。事実、日蓮が一二六〇〔文応元〕年七月に『立正安国論』を提出したのは、鎌倉幕府における時の最高実力者たる第五代執権・北条時頼に宛ててであった（時頼はこのときすでに出家して執権職を義兄・北条長時に譲っていたが、長時は時頼の嫡子・時宗に権力を移譲するまでの「眼代《がんだい》」＝代理人に過ぎず、実質的な権力は時頼にあった）。このことは、日蓮がその「安国」の理想を実現するためには、たんに「王法」と「仏法」が「相依」するだけではなく、世俗的権力たる「王法」がその実力によって国家を安定的に統治することが必要であり、かつ、「仏法」もまた災禍を招かず国家の安定に寄与するために邪説・謗法を排除することが必要だと考えていたことを意味している。つまり、日蓮において「王法」と「仏法」は、ともに安定的国家の創設を目的とする力、すなわち政治的な主権権力たることを求められているのである。「王法」と「仏法」がその弁証法的な相互作用、両者の止揚のはたらきによって主権権力を立ち上がらせること――これこそが『立正安国論』における日蓮の思考の核心であり、その唯一最大の目的にほかならない。

法然とその専修念仏の教えが日蓮と最も激しく対立するのは、この地点においてである。称名念仏とは、なによりも「他力」の「おのずから」「しからしむ」はたらき、その「自然《じねん》」の生成に内在することであり、阿弥陀仏の名を称えるというただ一つの行ない、すなわち、「わが名を呼べ」という非人称的な他者からの触発に応えて、みずからも触発する声となる、ただ一つの、しかし無限への帰依を誓うそれ自体無限に反復されることを本質とする行ないなのであってみれば、そこにはいかなる主権権力のための場所もない。とりわけ、日蓮が希求する「王法」と「仏法」の弁証法のはたらきによる主権権力が必然的に帯びる超越性ほど、専修念仏から遠いものはない。すでに見てきたように、法然・親鸞・一遍へと深化していく念仏の教えが求めるのは、「自然」の必然に内在することであり、衆生が称名の行ないをとおして、みずからのうちなる超越への欲望の一切を捨て去ることである。そのとき阿弥陀仏は、俗説が誤解するような超越的〈一者〉として表象されることをやめ、いかなるイメージ・造形・図像にも還元されない形相なき力能として作動することになる。その力能は、その力能につらぬかれた領野は、超越的な主権権力の存立をあらかじめ挫折させる。それは、主権権力が立ち上がることをつねにすでに不可能にするのである。専修念仏が歴史的にいくども攻撃され、排撃されてきたのは、まさにこの反‐主権的な力能のゆえであり、日蓮による法然批判の根底にあったのは、この問いにほかなるまい。

　主権権力の超越性を「よこさま」に潰えさせる「他力」のこの内在的力能について、たとえば親鸞はつぎのように書いている――

「横截五《おうぜつご》悪趣《あくしゅ》自然閉《じねんぺい》」といふは、「横《おう》」はよこさまといふ、よこさまといふは如来の願力を信ずるがゆえに行者のはからひにあらず、五悪趣を自然《じねん》にたちすて四生《ししょう》をはなるるを横《おう》といふ、他力と申すなり。これを横超《おうちょう》といふなり。横《おう》は竪《しゅ》に対することばなり、超《ちょう》は迂《う》に対することばなり。竪はたたさま、迂はめぐるとなり。竪と迂とは自力聖道のこころなり、横超はすなはち他力真宗の本意なり。(16)

「竪」は「たたさま」＝垂直性・超越性を指し、「横」は「よこさま」＝内在性を指す。そしてここでの「超」とは頓教《とんぎょう》、すなわち、速やかに仏果を得る教法を指し、「迂」とは漸教《ぜんぎょう》、すなわち、長い修行の中で漸次に悟りを得る教法を指す。したがってここでは、日蓮的な「自力聖道のこころ」である「竪と迂」の力を「他力真宗の本意」たる「横超」＝内在性の速やかなはたらきが、いわば内破させ、つねに解体へ導くことが告げられているのである。

そして他方、称名念仏する衆生のあり方もまた、日蓮の想定する法華信者のあり方と鋭く背反する。日蓮が「天下泰平・国土安穏は君臣の楽《ねが》ふ所、土民《どみん》の思ふ所也。夫《そ》れ、国は法に依《よ》つて昌《さか》え、法は人に因《よ》つて貴《たつと》し」と言うとき、そこで期待されているのは、泰平なる天下と安穏なる国土という統治の行き届いた国家であり、そのような国家を実現すべく仏法がはたらき、かつ、そのような国家のもとで人民が仏法を尊重することである。そこでは人民は主権権力によって統治された善き国家のもとに庇護される善き国民《くにたみ》であり、それ以外のものではない。すなわち、ここではすでに近代的国民国家における主権権力と人民との関係の原型が理想として描き出されているわけである。ところが、それに対して念仏する衆生とはいったい誰か。ただ生成変化する「自然」に内在しつつ、みずからも生成変化していく力能である衆生は、いかなる意味でも国民《くにたみ》ではあり得ない。専修念仏の衆生は、超越的主権権力のもとに包摂されず、それを内面化し分有することはなく、したがって国民《くにたみ》という一般性を構成しない。みずからの力能によってのみ、みずからを肯定する念仏の衆生は、必然的に単独者であり、そのつど一つの特異性である。そして、そうであるからには、衆生はあらゆる一般性の規定——人類・人間・民族・国民……——から逃れ去る多数多様体であり、その運動はつねに脱領土化する運動である。衆生は、国家に抗い、「国土安穏」に抗う。衆生は、望むと望まざるとにかかわらず、国家による捕捉に対して闘いを挑む戦士なのだ。

国家の主権権力が行使する暴力としての戦争から区別され、「国家装置」の「内部性の環境」の外を開く力を「戦争機械」と名づけて、ドゥルーズ&ガタリはつぎのように書いている——

> 戦争機械それ自体について言えば、それはたしかに国家装置には還元不可能であり、国家の主権の外部にあり、国家の法に先行しているように思われる。戦争機械は他処からやって来るのだ。戦いの神インドラは、ヴァルナともミトラとも対立する。インドラは、その二神のどちらかに還元されはしないし、第三の神を形成するわけでもない。インドラとはむしろ、純粋にして尺度なき多数多様体、群れ、束の間のものの乱入にしてメタモルフォーゼの力能であるだろう。それは、結ぼれをほどくと同時に契約を裏切るのだ。インドラは、尺度に抗して狂乱を、重力に抗して迅速を、公的なるものに抗して秘密を、主権に抗して力能を、装置に抗して機械を褒めたたえる。インドラが示すのは、ある別の正義であり、ときには理解しがたい残酷さ、だがまたときには未知の憐憫なのである。(17)

主権権力を保持し、その内部性の形式に人民を捕捉し、管理し、安全を保障することで、人民から支持されもする国家装置――それはまさしく日蓮の「先づ国家を祈つて、須く仏法を立つべし」というテーゼが求める「立正安国」の装置であるだろう。だが、専修念仏の衆生は、そこからきっぱりと縁を切り、その「結ぼれ」をほどき、その「契約」をすすんで裏切る。計量化不可能な群れであり、狂乱と速度の称え踊る集団であり、そしてつねに多数多様体である衆生が目指すのは、主権権力の外、「国家の法に先行」する大慈悲の法の世界なのである。

この「国家装置に対する戦争機械の外部性」は「いたるところに現れている」にもかかわらず、それは「思考するのが困難なまま」である、とドゥルーズ&ガタリは言う。それは、「国家装置」が「われわれが習慣的にモデルとしている内部性の形式を構成している」からであり、「その形式にしたがって思考する習慣」を「われわれが身につけてしまっている」[18]からだ。しかし、それならば、私たちはこの思考の習慣から脱却し、別種の外部性の形式へとみずからの思考そして身体を連れ出し、投げ込むべきである。そう、そのような場所をいかに拓くかが、ここでの私たちに課せられた最後の問いである。その運動の原理は、いったいどんな名で呼ばれるべきものだろうか。

註

(1)『立正安国論』、『日蓮文集』兜木正亨校注、岩波文庫、二〇一七年所収、一七四頁。漢字表記は旧字体を新字体に変更。ルビを適宜補足。以下同様。

(2) 同書、一七五頁。
(3) 同書、一八〇頁。
(4) 同書、一八二頁。
(5) 同書、一八二–一八六頁。
(6) 同書、一八八頁。
(7) 同書、一八九頁。
(8) 同右。
(9) 同書、一九〇頁。
(10) 同書、一九一頁。
(11) 同右。
(12) 同書、一九八頁。
(13) 同書、一九九頁。
(14)『興福寺奏状』、『鎌倉旧仏教』鎌田茂雄・田中久夫校注、「日本思想大系15」岩波書店、一九七一年所収、四一頁。
(15) 同書、三六頁。
(16)『浄土真宗聖典——註釈版 第二版——』浄土真宗本願寺派総合研究所編、本願寺出版社、二〇一三年、六四六頁。
(17) Gille Deleuze et Félix Guattari, *Mille Plateaux—Capitalisme et schizophrénie*, Éd.de Minuit, 1980, pp. 435-436.（ジル・ドゥルーズ&フェリックス・ガタリ『千のプラトー（下）』宇野邦一ほか訳、河出文庫、二〇一〇年、一四頁）。強調原文。訳文は引用者による。
(18) *Ibid*., p. 438（同書、一八頁）。

第二章　浄土コミューンの原理

（一）大地の民族と根本情調――ハイデガーにおける共同体の問い

近代国民国家という装置、すなわち、超越的な主権権力によって統治され、人民を「国民」化しつつ捕捉し、「人口」として統計的計量化の対象とし、その「安全」を保障しつつ、「領土」内に管理する、そんな内部性の形式は今日、誰もがそれを受け容れるべく強いられている文字どおり普遍的なステータスをそなえているだろう。実際、日本においても、幕藩体制を変革し天皇を西欧列強諸国における君主に比肩し得る主権者として位置づけ直しつつ、新たな統治システムへの大転換を図った明治維新以後、近代的な国民国家であることは唯一の政治目的であり続けてきた。大政奉還＝王政復古（一八六七〔慶応三〕年）から始まり、『大日本帝国憲法』（一八八九〔明治二二〕年公布）において「万世一系ノ天皇」が「大日本帝国」を「統治」する唯一の主体、「国ノ元首ニシテ統治権ヲ総攬[1]」する唯一の主体だと定められたとき以来、日本が超越的主権権力によって統合され整序化される国家であり、そこにおいて人民が「国民」という名において臣民化されるという構造はつねに維持されてきた。そしてその構造は、第二次世界大戦における敗北という歴史の切断によっても実のところ本質的な変化を遂げることはなかったのである。私たちはまず、この国における主権権力の捩れた歴史的構造とそれゆえの特異なはたらきを分析することから始めよう。

　戦後の日本という国家における主権はどこにあるか。一方においてそれは「国民」のもとに新たに与え直されたと一般的には信じられている。なるほどたしかに、『日本国憲法』の「前文」は「ここに主権が国民に存することを宣言し、この憲法を確定する」[2]と謳っており、かつ、憲法の劈頭に置かれた誰もが知る第一条も「天皇は、日本国の象徴であり日本国民統合の象徴であつて、この地位は、主権の存する日本国民の総意に基く」[3]と定めてはいる。だが他方において、『日本国憲法』の成立機序、その制定権力をとりわけ言語行為論的に分析するならば、そこにはけっして単純化できない時間錯誤《アナクロニー》の構造が潜んでいることが見えてくる。

『日本国憲法』はまっさらな白紙から生み出されたものではない。それは『大日本帝国憲法』第七十三条の定める改正手続きにより、帝国の君主たる天皇のみが占め得る「朕」という人称の存在が『日本国憲法』の「前文」および第一条以下のすべての条文に先行する「上諭」において「裁可」し「公布せしめ」たものである。この点についての憲法学上の「定説」はどのようなものか。宮沢俊義はかの「八月革命」説、すなわち、「敗戦という事実の力」によって「それまでの神権主義がすてられ、あらたに国民主権主義が採用せられ[4]」ていたがゆえに、「明治憲法の規定の意味」が新しい国民主権主義に「抵触する限度において」「変った」結果、この「上諭」はすでに「実質的には、憲法としての拘束力を失っ[5]」た形骸と化していたという論理によって、この構造を説明しようとする。「日本政府」も「天皇の意志をもってしても、合法的にはなしえないはず」のこの「変革」は、したがって「憲法上からいえば、ひとつの革命[6]」だと宮沢は説明するのだが、これはあらゆる意味で苦しい説明である。敗戦後の天皇をめぐる「事実」を言うなら、たとえば、東久邇宮稔彦内閣（一九四五年八月一七日-一〇月八日）が発した「一億総懺悔」というスローガン――これは敗戦を招いた責任について（日本が危害を加えた国々とその夥しい犠牲者たちに対してではなく）天皇に対して謝罪せよという命令であり、敗戦によってもなお、日本国民を「臣民」と見なし、その精神の継続を促した政治の現れにほかならない。あるいは「外国人登録令」――これは、一九四七年五月二日、すなわち『日本国憲法』施行の前日に「朕」が「裁可」し「公布」せしめた最後の勅令であり、その目的は、旧植民地出身である「皇国臣民」化された在日台湾人・在日朝鮮人を「外国人」と見なし、新憲法の規定する「日本国民」のカテゴリーから排除することにあった。つまりこれは、植民地主義帝国日本の最後の政治の一つであり、このときまで天皇の権能と帝国議会の意志が持続していたことの歴然たる証拠である。

　この二つの別の「事実」だけから見ても、一九四五年八月一五日以後も、新憲法の施行にいたるまで、「国民主権」概念は未完成のままであり、宮沢の説く「八月革命」の担い手たる「日本国民」は理念的にも現実的にも不在のままであったと言わねばならない。このことは私たちに「八月革命」説を介在させずに『日本国憲法』のテクスト組成を字義どおりに読むべく促す。『日本国憲法』の制定権力はその「上諭」がはっきりと告げているように、かつてと同じ神話的起源にその権威が由来する天皇の力である。そして、そうであるからには、第一条に言う新しい天皇の「地位」が「主権の存する日本国民の総意に基く」という「事実」は、ほかならぬこの一文が初めて産み出す「事実」だということ、つまり、この「日本国民の総意」なるものが、かつて一度もいかなる仕方でも確かめられたことのないパフォーマティヴな構成体にほかならないことが明確化される。これを要するに、新憲法第一条における「象徴」としての天皇の定立は、「すでに‐あった‐ことになるだろう」という事後性の未来完了の捩れた時間構造のもとで形成されるフィクションとしての「国民主権」をとおして行なわれる、天皇自身による自己‐定立なのである。

そこから帰結する苦い現実——それは、近現代の日本という国がかつての帝国であれ戦後の民主制国家であれ、天皇に媒介されない人民を持ったことがないということである。日本国民とは誰か。日本国民とは〈その総意によって‐みずからの統合の象徴として‐天皇の地位を‐基礎づける主権者たち〉のことである。『日本国憲法』第一条の定める天皇と日本国民との関係を厳密に読み替えれば、それ以外に日本国民の定義はない。(7) 宮沢俊義（そしてその思想的同伴者・丸山眞男）(8) によれば、戦後日本社会は、神権主義から国民主権主義へと根本的な変革を遂げたはずである。日本人は、主権者天皇によって統治される帝国臣民から主権の担い手としてみずからを統治する自由な国民へと変貌したはずである。しかし、この国民は、まったく自由ではない。なぜなら、「日本国民」であるかぎり人は天皇という象徴による媒介を、その統合する力を受け容れつつ基礎づけるという二重の遂行的身ぶりを虚構の「総意」の名のもとでつねに引き受けねばならないからだ。「国ノ元首」であれ「象徴」であれ、超越的媒介項としての天皇の政治に本質的な差異はない。そこにあるのは、日本特有の非‐キリスト教的司牧制が深く埋め込まれた権力関係であり、まさしく牧人的に人々に働きかけ、一つの人口集団を統治する「魂のオイコノミア」（フーコー）と呼ぶべき密かな精神の支配にほかならない。(9)

かくして、日本という国民国家の近現代を貫徹する超越的な主権権力の構造が確認される。それは、前近代的国家を牽引して一気に巨大な植民地主義帝国へ転換することを可能にし、その破綻後も統治機構としての同一性を維持せしめた、そんな強力ななにかであった。だがそれでは、このような装置、すなわち、人民を「臣民＝国民」化することによって「人口」という統計的処理可能な対象とし、固有の「領土」内において「安全」を保障しつつ、その精神を整流化し、その身体を管理する、そんな強固な内部性の形式を批判的に乗り越えるために、私たちはなにを考えればよいのか。そのような思考の試みはこれまでになかったのか。この試みが求めるべき歴史的な参照項はどこにあるのか。

一九三四／三五年のマルティン・ハイデガー——ここに私たちは、一つの歴史的範例を見ることができる。ただし、これが範例であるのは、その思考がみずからの乗り越えようとする「敵」の論理に深く内在的であり、時として批判的異化と親和的同一化の区別が見分けがたいほどの両義性を帯びているからである。いわば「敵」の論理の最深部に降り立ち、その底を割るような仕方で展開される批判——それは私たちに、天皇制ファシズムの負の遺産を今なお清算できていない私たちになにを教えてくれるのか。

ハイデガーがドイツ・ナチズムに加担したこと、それもたんに同時代人としてその政治を消極的に容認したのではなく、完全なるナチ党員としてそのイデオロギーを——一時的にせよ——肯定し、共有し、さらに積極的に鼓舞し伝播させる役割を担ったことは、今日広く知られている。ナチズムとは、いったいなにであったか。それはひと言で簡潔に言い切れば、「ドイツの病」から癒えることを目的とする国民精神の巨大な「統率」〔Führung〕の運動である。第一次世界大戦における敗北ののち、ドイツは、ヴェルサイユ条約のもとでのすべての植民地・海外領土の剝奪、東辺部のポーランドへの割譲などの結果、人口の一三%、国土の九%を喪失する。他方、一九二七年ごろからその兆しがあった経済恐慌は、一九二九年のニューヨーク発の世界恐慌で決定的となり、一九三三年にはドイツ国内の完全失業者は六〇〇万人を数えるにいたる。こうした極度にネガティヴな状況がドイツ人にその国民的＝国家的同一性そのものの疲弊を強く感じさせることになり、同一性の欠如に苦しむドイツ国民＝国家という意識と無意識が、人々のあいだに広まっていったのである。その欠如の意識と無意識の深まりが、反動として国民的＝国家的同一性の構築ないし再構築への強い欲望を生じさせたのは容易に理解される。そして、まさにその局面に登場し政権を掌握したのがヒトラーであり、その政治の核をなしていたのが「ゲルマン民族＝アーリア人＝高貴なる人種」という等式である。それはすなわち、ドイツ国民＝ドイツ民族を、虚構の「起源」における神話的形象に結びつけつつ、その形象へむけて集団的欲望の整流化と心的エネルギーの備給を組織的かつ徹底的に行なうことであり、この神話的同一性の構築によって、「人種」そして「民族」の力を覚醒させ、その特有の「精神」を生成させ高揚させることをとおして、政治的＝経済的＝文化的な敗北からドイツ国民を回復させ、現実の諸矛盾の「最終解決」を図ること――この集団的運動の「統率者」＝「総統」〔Führer〕こそがヒトラーであった。

ハイデガーは、フライブルク大学学長就任の際に行なった演説「ドイツ的大学の自己主張」（一九三三年五月二七日）において、この政治の思考を完全に分け持ち、明確に宣言している。「民族的

－国家的現存在の逼迫と困窮」に「等しく包括」された者たちである「教師と学生」[10]にむけたこの演説が促すのは「勤労奉仕」と「国防奉仕」と「知的奉仕」だが、そのような具体的な責務の提示を超えてここでハイデガーが発するメッセージの根幹は、「ドイツ的大学」が「ドイツ民族の命運の統率者・庇護者を教育し陶冶するもの」たるべきこと、その「本質にむかう意志」が「ドイツ民族に課せられた歴史的－精神的負託への意志」[11]であらねばならないこと、そして大学という「共同体」を「民族国家への至高の奉仕のための緊張した結集の中心」[12]たらしめねばならないということにある。「精神とは」とハイデガーは言う——

> 精神とは存在の本質へむけての根源的に規定された決意である。民族の精神世界とは一文化の上部層でもなければ、まして有用なる知識や価値を生み出す工廠でもない。それは、民族の血と大地に根ざすエネルギーを最深部において保守する威力、すなわち民族の現存在を、最奥かつ広汎に昂揚せしめ、揺り動かす威力なのだ。ただこのような精神世界のみが、民族の偉大さを保証する。[13]

なにが生起するか、それともしないかは、ただ一つわれわれが歴史的－精神的民族として、われわれ自身をなおも、そしてふたたび意志するのか——それとも意志しないのかにかかっているのだ。いずれの個人も、それを共同的に決断する。たとえ彼がこの決断を回避したとしても、むしろそのときこそ、それを共同的に決断するのである。[14]

読まれるとおり、ここでのハイデガーはナチ・イデオロギーの忠実な伝達者であり、その積極的な顕揚者である。すなわち、ハイデガーにとって「精神」とは価値中立的な概念ではなく、アーリア人種の血統とその領土を特権化するナチ的優生学のエレメント――それはリヒャルト・ヴァルター・ダレの『血と大地を出自とする新しい貴族〔*Neuadel aus Blut und Boden*〕』（一九三〇年）に由来するものだ――であり、それは「存在の本質」へむけて「根源的」に備給されるべきもの、「民族の現存在」をその最深部においてかつ最も広く「昂揚」させ「揺り動かす」「威力」にほかならず、その備給を受けたとき「民族」は「偉大」なるものとなる。そして、ハイデガーが「歴史的‐精神的民族」と言うとき、そこで前提とされているのは「はじまりの力」としての「ギリシア哲学の開《かい》闢《びゃく》」[15]、それも「われわれの背後にはるか昔にあったもの」ではなく「われわれのゆく手にある」「はるかな摂理」たる「起源であるギリシア」であり、そのようなものとして「はじまりの偉大さを回復せんとする」[16]ことこそが「われわれ自身」を「ふたたび意志する」ことなのである。すなわち、仮構された起源を未来へむけて反復しつつそれを再‐自己固有化するという捩れた歴史的‐時間的プログラムをとおして「民族」の同一性を再構築せよというのがここでのハイデガーのメッセージであり、しかも、その「意志」を「決断」するとき、「いずれの個人」もすでに不可避的に「共同的」存在となる。自己同一性の獲得を「決断」し「ふたたび意志する」ことをとおして共同体への生成を促すこと――これが、この演説におけるハイデガーの論理である。

総長の職に就くことが「大学における精神的統率に義務を負うこと」であり、かつその場合「統率者自身が統率されるもの」であるという認識をもつハイデガーは、このとき、明らかにヒトラーの分身であり、したがってこの演説は端から端までナチ・イデオロギーのアジテーション以外のものではなかった。ところが、一九三四年二月、在職わずか十カ月でハイデガーはこの総長職を辞任する。死後に公表するという契約のもとで行なわれたかの「シュピーゲル対談」（一九六六年九月二三日実施／一九七六年発表）の中で、ハイデガーはその理由を大学改革のための人事をめぐって文部大臣＝ナチ党とのあいだに確執があったためだと説明し、かつ、辞任後は「授業という私の使命だけに専心」したと述べ、一九三四年夏学期の「論理学」、一九三四／三五年冬学期の「最初のヘルダーリン講義」、そして一九三六年の「一連のニーチェ講義」がどれも「聞く耳を持っていた人」には「ナチズムとの対決であった」[17]ことが理解されたと続ける。この弁明を、私たちははたして文字どおりに受け取ることが可能か。可能だとして、その場合、「ナチズムとの対決」とはいかなる次元における、いかなる仕方でなされたものであるのか。ハイデガーはどのような「対決」の場面を開いているのか。

「民族の原言語」たる「詩作〔Dichtung〕」[18]の「威力圏の中に立つ」[19]こと、「存在を建立」[20]し「人間の歴史的現存在を存在者全体に晒し出す」[21]その力を開きかつそれへとみずからを開くことによって、ある別種の「民族」へ生成を遂げつつ、「大いなる転回期」において「ただ深淵のうちにのみ根拠をもつ」「聖なる大地」[22]に住まうこと——ヘルダーリンの長篇詩「ゲルマーニエン」をめぐる講義（一九三四／三五年冬学期）におけるハイデガーの根本的テーゼを、私たちは仮にそう要約することができるだろう。ここでハイデガーが行なっているのは、作品のたんなる分析や解釈ではない。ヘルダーリンの作品を対象化し、俯瞰的な眼差しでそれを分析することからはるかに遠く、ハイデガーが実行し、かつ私たちに求めるのは、「日常性」から脱却して詩作の磁場へ「参入」し、そして二度と「日常性」へと立ち戻らないこと[23]、すなわち、徹底的にパフォーマティヴにヘルダーリンの詩作を経由し経験し続けることである。そして、その行為のすべては、作品のタイトルが告げているように、「ゲルマーニエン」＝ゲルマン人の国という「祖国」、それも「最も禁じられたもの」であり、「根底において最初のものなるがゆえに最後のもの」である「秘せられた根源[24]」を開示することに賭けられている。ハイデガーは講義の「序論」で言う——

詩作——それは遊びではない。詩作に対する関係は、自己自身を忘れさせる遊戯的弛緩ではなく、個々人の最も固有の本質を覚醒させ奮い起こすことでなければならない。それによって彼はおのれの現存在の根底にまで帰り着くのである。そして各個人が彼の現存在の根底からやって来るとき、そのとき根源的共同体への個人たちの真の結集がすでに前もって生じたことになるのだ[25]。

ハイデガーのきわどいポジションがここには宣言されている。総長就任時の演説においてハイデガーは、「精神」が「民族の現存在」を「最奥かつ広汎に昂揚せしめ、揺り動かす威力」であると定義し、「ドイツ的大学」の構成員たる「われわれ」はその「歴史的‐精神的負託」に応えるために「共同的に決断」すべきことを説いていた。この宣言は、その論理を正確に反復しているかにも映る。しかし他方、ヘルダーリンとのあいだに特権的な関係を切り結ぶここでのハイデガーはすでに「民族の歴史的現存在、その勃興、隆盛そして没落」のすべてが「詩作から生まれ出る」と考え、かつ、哲学的意味における「本来的な知」もまた「詩作」から生まれ、「この両者」から「国家、すなわち政治による民族の現存在の成就が生ずる」[26]のだと断言するにいたっている。この講義において、「詩作」は文字どおりすべてに先行し、すべてがそこから発生する源泉の位置を与えられているのである。

そしてその際、「詩作」から発する最も根源的なエレメントとはなにか。かつての「精神」に代わって「存在者の全体」を「本質的な仕方であけ開」[27]き、「人間の現存在」を「その本質から」「開示された存在者の全体のただ中へ晒し出」す「威力」[28]——それは「根本情調〔Grundstimmung〕」と呼ばれている。詩人の「言＝発話〔Sagen〕」と「声〔Stimme〕」と「情調〔Stimmung〕」との関係について、ハイデガーはつぎのように述べる——

> 言＝発話〔Sagen〕の声〔Stimme〕は調律され＝情調づけられて〔gestimmt〕いなければならず、詩人はある情調〔Stimmung〕で話すのであり、そしてそのような情調が大地を規定し＝大地の情調を定めて〔be-stimmen〕、詩作的言＝発話がその上でかつその中で存在を建立する空間を、情調が貫き響く〔durchstimmen〕のである。このような情調を、われわれは詩作の根本情調と呼ぶ。根本情調という言葉が意味しているのは、言＝発話にただ伴っているだけの漂い流れる

情感ではない。そうではなく、根本情調とは、詩作的言＝発話において存在の刻印を受ける世界をあけ開くものなのである。(29)

根本情調とは、その字面が誤解させかねないようななんらかの主体＝主観がその内面にいだく感情ではなく、心的なものではない。その「本質を把握する」ためには「通常表象されるような主観－客観関係」は「まったく不充分」なある「根源的」な「うねり」(30)であるそれは「およそ最も非主観的なるもの」であり、「存在者の拡がりと存在の深みへ根源的」に「抜き移し、移し入れ、あけ開き、基礎づける力の統一」(31)である。「われわれが事物と対象のたんなる表象と呼ぶところのものが生まれる」のは、ただ根本情調を「抑制し排除することによって」あるいは「忘れたふりをすることによって」のみなのであり、その反－表象的な力に貫かれるとき、したがって現存在は制度化された時間－空間のいわば手前に新たに開かれる場に位置づけ直されることになる。すなわち、根本情調はその効果として「現存在をその根拠〔Grund〕の中に、そしてその無根拠＝深淵〔Abgrund〕の前に置く」のであり、そんな両義性を帯びた「通俗的意味における空間的場所でも時間的時間でもない」場に「われわれの現存在」を「定める」(32)のである。

そして、ヘルダーリンの詩作「ゲルマーニエン」のうちにハイデガーが聴き取る唯一無二の根本情調とは「聖なる喪」である。ハイデガーが私たちを送り届けるのは、たとえばつぎの詩行である

そう、彼ら、あの古き国土に現れたことのある
神々の姿、至福なるものたちに、
呼びかけることはもはや私には許されていない、だがもしも、
汝ら、故郷の流れよ！　今汝らとともに
心の愛が悲嘆にくれるなら、いったい他になにを望むだろう、
この聖なる喪に服する者は？　なぜなら、溢れる期待の中に
国土は横たわっており、ちょうど炎熱の日のように、
汝ら愛しきものよ！　一つの空が予感に満ちて
今日、低くたれこめ、われらを覆っているからだ。
それは約束に満ちた空、しかしそれはまた
私には脅威をはらんでいるようにも見える、だが、私はそのもとにこそとどまりたいのだ

（「ゲルマーニエン」冒頭[い]）

かつて「古き国土」に姿を現した神々、その「至福なる」存在はすでに消え去って久しく、呼びかけることが私にはできない。しかし、その深い喪失の感覚のゆえにこそ、不在の神々がふたたび到来することへの「溢れる期待」の中に「国土」はあり、空は「予感に満ちて」いる。「約束」でもあり「脅威」でもあるその時刻、その引き裂かれた緊張の時を、私は「聖なる喪に服する者」として生きる——それもまさしく「汝ら、故郷の流れ」とともにその時刻を生きることができるなら

ば、他になにを望むことがあろうか……。

ハイデガーはここに「人間の現存在」が「存在者それ自体と等しく根源的に情調の中に移し置かれている」場面を見て取り、「汝ら、故郷の流れ」と等根源的であるこの「聖なる喪」は「存在一般についてなにか根本的に本質的なこと」を「詩作的」[34]に告げていると言う。その本質的なる事態、ヘルダーリンの詩作のうちにハイデガーが見る存在論の本質的場面とは、「故郷〔Heimat〕」としての「大地〔Erde〕」への現存在の帰属にほかならない。ハイデガーは説く――「故郷」とは「たんなる誕生の地」ではなく「慣れ親しんだ風景」のことでもない。それは、人間の各人が「その歴史的現存在にしたがってその上に「詩人のように住む」」大地の力としてある」のであり、「人間が根本情調において、存在者に対して根底から開かれて立」ち、その「貫き響き包むものの支配に対して開かれて立」つこのような「故郷」の場面においてこそ「人間ははじめて自分が大地に帰属するものであることを識る」[35]のだ、と。そして、この「故郷」としての「大地」、否、むしろ「故郷」への「大地」の生成こそは、そしてその生成における「大地」の根拠化＝深淵化というパラドクシカルな経験こそは「諸民族の大いなる転回」の決定的契機なのである――

大地は故郷となることによって神々の力に対して開かれたものとなる。大地が故郷となるということと大地が神々の力に対して開かれたものとなるということは同じことであって、それはいずれもつぎのことを内包している。すなわち、大地それ自体が神的なるものの嵐の中で、その根拠〔Grund〕と深淵〔Abgrund〕においてひき開けられるのである。〔…〕

いつでも諸民族の大いなる転回期は深淵に由来するのであり、それも、その民族が深淵、すなわちおのれの大地の中へどれほど深く達しており、どれほど故郷を所有しているかによるのである。〔…〕必然的なるものは原因と結果の対照からは算出され得ず、ただ深淵のうちにのみ根拠をもつのである。(36)

ここにいたって私たちは、ハイデガーがいかなる点で、いかなる意味=方向性においてナチズムと「対決」しているかを把握することができる。「ドイツ的大学の自己主張」とヘルダーリン講義とを隔てているのはなにか。二つのテクストにおいてハイデガーは、ほとんど同じ語彙、そしてほとんど同じ哲学素さえをも用いており、その言表もまた同じ意味作用を担っているようにも映る。とりわけ、後者が「ゲルマーニエン」読解から「ライン」読解へと移行する「中間総括的考察」において「民族の真理」にその論理を集約するとき、ハイデガーはいまだナチのイデオローグであるかのように受け取られかねない。ハイデガーは言う――「その時々に支配している根本情調と、その根本情調の中で行なわれる存在全体のあけ開けは、われわれが民族の真理と呼ぶものの規定の根源である」――「民族の真理とは、民族が自己を求めること、自己自身になろうとすることによって歴史的になにを求めるかを民族が知る、あの存在の開示性なのである(37)」。そして、その直後に告げられているのは「民族の現存在の真理」を建立するのが「詩人」であり、そこにおける存在者の存在を開示するのが「思想家」であり、その存在を「歴史的真理」の中へ置くのが民族の自己生成であること、そしてそのすべてが最終的に「情調を定められた国家の建設(38)」へと結実すべきことである。

だがしかし、ハイデガーの思考は、それでもやはりナチ・イデオロギーとは峻別される。第一に「大地」の概念。ナチにおけるそれはなによりも固有の領土、つねに奪回と拡張を目指すドイツ民族の「生存圏」という領土化の運動にほかならず、ドイツ人をその支配者とする政治的領有と組織化の対象であり、したがって民族がそこに根ざす根拠以外のものではない。それに対してハイデガーにおける「大地」はどうか。「根本情調」に貫かれた人間＝現存在が存在者の全体に対して開かれつつそこに「住む」ことで「故郷」へと生成するそれは、いっけん同じ領土化の運動のもとにあるかに見える。しかし、ハイデガー的「大地」は「故郷」となることで、同時に神々の力に対しても開かれた「聖なる大地」と化し、その結果「諸民族の大いなる転回」という「必然」がただそこから発してのみ可能となる脱根拠化された「深淵」へと裂開する。それは、その最深部において領土化の運動を挫折させる場なのである。

第二に「民族」。ナチにおける「民族」は、それ固有の優生学的「精神」による備給を受けた集団であり、その集団を構成する個々の存在もまた「精神」による「主体化〔subjectivation〕」を遂げるべくつねに促されている。「ナチ的主体たれ、すなわちナチ国家＝国民社会主義国家に隷属〔assujettissement〕せよ」という命令のもとにあるのがその構成員であり、つねに規律訓練作用にしたがうその集団は――ナチ親衛隊やヒトラー・ユーゲントが明示するように――高度に条里化された秩序を形成する。ところが、ハイデガーにおける「民族」は、なによりもまず、近代的「主体」を批判的に解体する概念としてである。それは「精神」ならぬ「根本情調」の「威力」によって現存在が「存在者の全体のただ中へ晒し出」されるとき初めて生成してくるなにかであり、それはいかなる政治的権力をも前提とせず、またそれ自体としていかなる実体をも構成しない。ハイデガー的「民族」は、ただ詩人が「根源的に建立」する「真理」においてのみ自己を求めるどこまでも非‐可算的な存在であり、それはたとえば「国民」という人口集団化に最も強く抵抗するだろう。

第三に——さしあたり最後に——「主権権力」の問い。ナチの政治とイデオロギーにおける主権が、君主的存在にでも国民にでもなく、カール・シュミット的意味における「例外状態」に関して「決断を下すもの」としての「主権者」たる総統ヒトラーにあったことは言うまでもない。ヴァイマール共和国の歴代内閣は『ヴァイマール憲法』第四十八条を利用して二五〇回以上も「例外状態」を宣言し、その宣言下で数々の「緊急政令」を発し続け、とりわけ一九三〇年以降は恒常的に内閣独裁状態にあったわけだが、一九三三年三月二三日、最終的に議会で「全権委任法」を成立させたのちは、ヴァイマール憲法にすら拘束されない無制限の立法権をナチ政権が手にしたことにより、総統たるヒトラーが文字どおり唯一の「主権者」となった。ナチ政権下で「国家の存立」は「法規の効力に対する明白な優位性を実証」しつつ「自己保存の権利によって法を停止」し、ヒトラーは「法規範から分離」した「決断」を下す者、すなわち、「全一体としての状況をその全体性において作りだし保証する」「究極的決断の専有者」[31]として君臨することになった。その主権権力は、したがって絶対的超越性を帯びていたわけである。そのイデオロギーに一時的にせよ加担したハイデガーにおいて、しかし、事はどうなっているか。ヘルダーリンの「詩作の威力圏の中」に立ちつつ「大地」を問い、「民族」を問うハイデガーによって、主権権力もまた問い直される。すでに消え去ってしまい、呼びかけることすらできず、しかし、その不在者のために「聖なる喪に服す」「覚悟した窮迫の根本情調」に貫かれた「われわれの歴史的現存在」[40]は、不在を不在のまま耐え抜く。不在者の空白の場所は、空白のまま保たれるのであり、「約束」と「脅威」に引き裂かれ、「予感に満ち」た「一つの空」のもとにある「故郷」としての「大地」に住まう別種の「民族」たる「われわれ」は、その空白にいかなる贋の超越者が位置を占めることも許さない。ハイデガー的な大地の民族は、その特有の内在性の論理によって、主権権力の存立をいわば防遏するのである。

こうして私たちは、一九三四／三五年のヘルダーリン講義におけるハイデガーの思考がいかなる意味で「ナチズムとの対決」であったのかを見てきた。そしてハイデガーの思考をとおして、この章の冒頭で開いた問いについても一つの批判的視座を得ることができただろう。ナチズムという近代性の原理を極限まで肥大化させたイデオロギーへの内在的対決を実行したハイデガーを参照することで、近代国民国家という装置、その超越的な主権権力による統治への批判の争点がどこにあるかが、あらためて浮き彫りになる――それはたしかなことだ。しかし、ハイデガー的な「大地の民族」は、深淵を根拠とするそのすぐれてパラドクシカルな脱領土化の論理にもかかわらず、より巨大化した、それゆえ不可視のいっそう超越的な〈主権〉によって再領土化される危険を排除できない。事実、今日の世界を支配するグローバル化という運動のもと、それを駆動する世界資本主義の運動のもとで起きているのは、まさにそのような不可視のつねに新たに定立される〈主権〉――それはもはや一つの国民国家には属さない――にコントロールされた、大地の絶えざる脱領土化による拡張とその再領土化による収奪の反復ではないのか。

　だが、そうだとすれば、私たちはハイデガーを経由しつつ、しかし別種の「民族の大いなる転回」を企てるべきである。その賭札は、いったいなにか。

（二）風の衆生と称名念仏――来たるべき浄土コミューン

〈風‐になること〉――すなわち称名念仏の声、その気息の力によって大地から離脱し、大気の中へみずからを解き放つこと、それも、無数の衆生がその気息によって無限に称名念仏を反復することで、大気の乱流を巻き起こし、決して一つの全体へは還元されず、一なるものを構成することのない、そんな開かれた非‐可算的な微粒子の群れへと生成を遂げること。そして、そのような乱流をそのつど局所的に発生させることで、その非‐連続的な出来事によってこの世界の内部に〈外〉を穿ち、開き続けること――それが遂行できたとき、私たちはある新しい共同性の領野を生き始めたということになるだろう。つまりは、一つのコミューンの圏域を。

　このように言うとき、私たちは問いを美学的メタファーに翻訳し、解消しようとしているのでは断じてない。そうではなく、まったく反対に、この〈風〉への生成変化というテーゼを、私たちは完全に現実的かつ実践的なるものとして差し出している。

　私たちはこの場所でこれまでになにを分析し、考え、確認してきたか。想起すべき複数の思考と論理がある。なによりもまず、称名念仏が来世への空虚な祈りではなく、衆生の生、その生きてある時間を留保なく肯定する力能の意志であるということ、その日常の営みの中で「破戒」ゆえに「罪」

の意識に苛まれ「往生」という救いから遠く排除されていると感じている庶民をその否定的自己意識から解放し、今－ここで称える念仏のうちにこそ「往生」はあり、したがって念仏とは無限者たる阿弥陀仏の名を称えることで「大慈悲」という情動に触発された衆生が、浄土をその称名の声とともに生成させる行ないにほかならないということ――念仏と浄土のこの脱神話化が、私たちが出発点において形成した思考であった。そして、浄土をはるか彼岸に仮定される超越的な場という虚構から、私たちの生に内在する生成のプロセスへとこのように転換するとき、そこからさまざまな解放の道が拓かれてくる。

たとえば、親鸞における「往生」とはなにを意味していたか。法然から受け継いだ「他力」を徹底化する親鸞において、念仏の「行」もその前提となる「信」もともに阿弥陀仏が「廻施したまう」ものであり、衆生にできるのは、ただその無条件の贈与を納め取ることだけ、そしてその「信」を「獲得《ぎゃくとく》」する瞬間に衆生はただちに「正定聚」の位につき「往生」を得るのだと親鸞は説いていた。ここには人間存在の有限性という問いを問いとして解消せんとする強靭な思考がある。すなわち、「すでに尋常のとき、信楽をえたる人」はすでに阿弥陀仏の「光」に摂め取られているがゆえに「往生」のために「臨終をまつことなし」と言い切ることによって親鸞は、万人にとっての条件であり究極の脅威であり、それゆえに中世の浄土観と往生概念の大前提であった〈死〉の問い、そこから発生する不安と恐怖という最大の負の感情を斥けるのである。ここには衆生の生を損なう時間意識を打破しつつ、別の肯定的な時刻を開くエチカがある。

このエチカは、さまざまな次元へと展開されていく。第一に、独自の平等の思考がある。「一切衆生をして平等に往生せしめん」と宣言した法然において、それはまず、「往生」という救いの完全な無条件化として現れた。みずからを含む同時代の人間をすべて「凡夫」だと規定した法然が、出家／在家、持戒／破戒、貴／賤、貧／富、男性／女性といったあらゆる属性を「往生」にとってなんら関与的ではないとしたことを端緒として、とりわけ親鸞そして一遍が被差別の民の救済を、さらにその民との連帯を強力に実践したことはあらためて強調しておくべきだろう。親鸞と一遍は、被差別の民もまた救われると言ったのではない。この二人は、被差別の民こそが「往生」の最良かつ最大の「機」＝「正因」だと説いたのであった。親鸞は、同時代に「悪人」と呼ばれていた特定の職能者たち、すなわち、その生業上「殺生戒」に背かざるを得なかった狩猟の民・漁労の民、さらには人を殺める武士や農作業の際に虫類を殺さざるを得なかった農民にむけて積極的に布教をし、さらに「非人」と呼ばれ社会の最下層に排除されていた「清目」――寺社に帰属しつつ清掃・斃牛馬の処理・葬送・刑吏などに携わった者――、癩病者、身体障害者、乞食などにむけて救済活動をしたのだったし、他方、一遍は踊り念仏という独自の集団的な教化活動の中核に同じく「悪人」たちや「非人」たちを招き入れ、輩《ともがら》・同朋として連帯し続けたのであった。そしてその活動を可能にしたのは、今日一般的に推測されがちなヒューマニズムではまったくなかった。親鸞と一遍の活動をとおして見えてくるのは、類的存在としての人間の一般性を前提とせず、いかなる同一性も先行措定しない、そんな絶対的な差異の肯定の思考である。二人の念仏者において、存在の差異の数々は、類的同一性に包摂される特殊性であることをやめ、それぞれの単独性において、すなわち、たがいに絶対的に異なるがゆえにたがいに絶対的に等しく価値をもつ存在として迎え入れられる。そこには形式的平等や社会的包摂という偽善・欺瞞の入り込む余地はない。救いは、親鸞においては称名念仏をとおした生成変化のプロセスとして、一遍においては踊り念仏のただ中での称名念仏の身体的触発による「コナトゥス」の最大化として、それぞれ実現されたのであった。

だが、エチカを言うならば、法然－親鸞－一遍へと受け継がれ、深化し、あるいは強度を増していった「自然《じねん》」のエチカこそを想起し、あらためて前景化させねばなるまい。阿弥陀仏とは、一般的にそう信じられているような超越的〈一者〉ではない。そうではなく、それは親鸞が強調しているように「自然《じねん》」の「おのずから」「しからしむ」はたらきそのものの名なのであり、したがって、それへの帰依を誓いつつ遂行する称名念仏とは、「自然《じねん》」の「しからしむ」はたらきの「必然」に内在することにほかならない。阿弥陀仏＝「自然《じねん》」という等式を強調するとき親鸞が説いているのは、衆生が一切の超越への欲望を捨てるべきこと、みずからの超越への欲望を阿弥陀仏に投影してそれを人称化するのをやめるべきこと、そしてみずからが人称化しつつ仮定した阿弥陀仏の超越的意志によってみずからが救われるなどといった妄念から衆生が脱却すべきことである。阿弥陀仏とは本来「法身」、すなわち形相なき力能であり、それへの帰依を誓うこととはただ「自然《じねん》」の「必然」を生きること、「自然《じねん》」に内在しつつすべてを生成変化において認識する以外のことではない。

そして、一遍が「身命をすつるといふは、南無阿弥陀仏が自性自然《じしょうじねん》に身命を捨《すて》、三界《さんがい》をはなるゝすがたなり」と言うとき、そして「念々の称名は、念仏が念仏を申《もうす》なり」「南無阿弥陀仏が往生するなり」と言うとき、そこではなにが告げられていたのであったか。一方でそれは、「自然《じねん》」概念の究極化である。すなわち、ここで名指されているのは「自然《じねん》」という形相なき力能である阿弥陀仏への帰依の言表そのものが「自性自然《じしょうじねん》」のうちに自己を放擲するという事態、つまりは「自然《じねん》」の累乗［puissance］としての純粋なる力能［puissance］の意志である。それはきわめて先鋭化された「自然《じねん》」概念だとはいえ、親鸞の延長線上でなおも理解し得るものではあるだろう。しかし他方、「南無阿弥陀仏が往生するなり」という一句において一遍は、恐るべき跳躍を遂げ、思考の最大限の射程を示している。私たちがすでに分析したように、開かれた未来完了をその本質とする本願の時間構造、すなわち、称名念仏する衆生が投げ込まれる〈私は-仏となった-ということに-なるだろう〉という宣言の時間構造それ自体が、つまりはその宣言における〈いまだ〉と〈すでに〉のあいだに宙づりになった現在を欠いた決定不可能性そのものが「往生する」とここで一遍は告げているのであり、このとき一遍は決定不可能なることそれ自体を肯定し、反復し、その場面へと私たちをも投げ込んでいるのである。

ここ、正確にこの地点において、〈風〉への生成変化が要請され、必然化する。なぜなら、大気こそは、「自然《じねん》」＝「自然《しぜん》」の動いてやまぬ生成変化そのものであり、すぐれて決定不可能性の場であるからだ。私たちはナチズムと対決するハイデガーの思考をたどることで、大地がいかにして国民国家の超越的主権権力によって、そしてその民族主義的イデオロギーによって領土化されるか、さらに国民国家の政治的-軍事的作用のもとで条里化されるかを確認し、同時に、ハイデガーが論理化してみせたように、別種の民族——それはその「原言語」たる「詩作」の「威力」が生成させるものだ——が特有の仕方で「住まう」ことによって大地が脱領土化され、脱根拠化される可能性をもつものであることをも確認しておいた。それと同様に、大気もまた両義的であり、二つの可能性をもつ。大地から分離され、別の圏域を開いている大気は、なるほどそれだけで脱領土化を保証するかに思われもする。しかし、大気もまた、大地における人間の活動により領土化され、さらには条里化されることを免れない。たとえば国民国家の数々が管理し運営する航空機の路線網がそれであり、その軍事力が設定する制空権がそれである（そして今日では、その領土化と条里化が大気圏を超えて宇宙空間にまで及んでいることも忘れてはなるまい）。だが、それでもやはり、大地から離脱し大気へとむかうこと、みずからの気息－〈風〉によってそのエレメントと化すことは、一つの脱領土化の方法、それも集団的作動配列へと開かれた戦略的方法であり得る。大気――それはなによりも、遭遇と連結と渦あるいは螺旋という出来事の空間であり、そのようなものであるとき空間は条里化を逃れる。「古代の原子」とその「クリナーメン」の原理を参照しつつ、ドゥルーズ＆ガタリはつぎのように書いている――

> 最も単純に、いかにして空間がその条里化の諸限界から逃れ去るかを考えてみよう。一方の極において、偏向〔*déclinaison*〕によって、つまり、最小のずれ、重力の垂直線とこの垂直線がそれに接する円弧とのあいだの無限に小さなずれによって、空間は条里化の諸限界から逃れ去る。もう一方の極において、螺旋あるいは渦によって、つまり、振動数あるいは集積、配分といった諸法則にしたがって空間内のすべての点を同時に把握する形象によって、空間は条里化の諸限界から逃れ去るのだが、それらの法則は、さまざまな平行線による条里化に対応するい

わゆる「層流状〔laminaire〕」分布とは対立するものである。ところで、およそ最も小さなずれから渦にいたるまで、その帰結は善きものでありかつ必然的なものである。一方から他方へと拡がっていくのは、まさしく一つの平滑空間であり、それはその要素として偏向を、その増殖として螺旋をもつ。平滑空間は、垂直線から逸れる最小角によって、そして条里化から溢れ出す渦によって構成されるのである。(41)

ここでドゥルーズ&ガタリが前提としているのは、ミシェル・セールの『ルクレティウスのテクストにおける物理学の誕生』（一九七七年）によって新たに息を吹きこまれた古代の原子論、デモクリトスからエピクロスへ、そしてルクレティウスへと継承され展開された原子論である。デモクリトス＝ルクレティウスの言う「偏向〔仏：déclinaison〕」＝「クリナーメン〔羅：clinamen←動詞：declinare〕」とは「発生の差異的要素」(42)、すなわち、空虚の中をたがいに交わることなく垂直に落下するはずの原子に、その「斜傾運動」（エピクロス）をもたらし、たがいの遭遇と衝突を可能にする「最小限の角度」「運動の最初の曲率」(43)のことである。『事物の本性について〔*De Rerum Natura*〕』の中で、ルクレティウスは書いている――「もし原子がよく斜《はす》に進路を逸れがちだということがない」とすれば、原子は「雨の水滴のように」「深い空虚の中を下方へ落下していくばかり」で「原子相互間に衝突は全然起こることなく、なんらの打撃も生ずること」がなく、「かくては、自然は決して、なにものをも生み出すことはなかったであろう」(44)、と。「クリナーメン」という最小限度の角度、垂直性からのそのわずかなずれが、すでにして条里化からの最初の逸脱であり、かつ、その逸脱から出発する運動は、渦を作り、螺旋状に増殖してゆき、最終的に巨大な乱流と化す。そのとき「層流」は、すなわち、大気の流れる層の一つひとつがたがいに交わることなく並行線状に進んでいく条里的なる現象は、突き破られ、掻き乱され、渦に巻き込まれながら平滑化されることになる。大気が全般化された平滑空間となるのだ。それはまさに決定不可能性の場の出現にほかなるまい。

そして他方、極小の差異が発生の端緒となるというこのデモクリトスの原子論は、無からの創造という物語を挫折させる点において、神学的思考を脱神話化する効果をもつ。そしてその脱神話化作用は、「自然」から超越し得るという人間中心主義的な傲慢と欲望をも打ち砕く、そんなもう一つの効果をそなえている。人間存在が「自然」に内在してあるほかないこと、その生存の時間、生死という二つの契機そのものが「クリナーメン」の運動に深く包含されていることをめぐって、セールはつぎのように書いている――

> 事物は、したがって自然は、先に述べた渦の中でかつ渦によって、原子の結合として形成される。しかし、それ以上に、事物が存在し、みずからを維持するのもその中においてであり、それによってなのだ。最後に、事物は破壊され、解体する――渦が消え去ってしまうがゆえに。時間とは乱流の数々のゆらぎなのであり、乱流こそが時間を作り、その巻き込みの中に引きとどめ、その端緒を開き、最後にはそれが消滅するにまかせるのである。生まれること、存在すること、死ぬことは、形態変化の形象たるこの根本的な渦《ディノス》〔*dinos*〕の変異にすぎない。〔…〕

自然とはいったいなんだろうか——諸物の集合でないとしたら、発生状態にあり、この形態〔forme〕を形態変化〔transformer〕させるあれら諸形態の集合でないとしたら？　すなわち、流れ全般の開かれた循環運動、さまざまな渦の無際限に砕かれる循環。それは、仮の堅牢性をそなえた体積であり、その巻き込みは解体し、その抵抗は溶解する。大河と乱流——大河は渦を巻き、渦はゆらぐ、そしてここにこそ物理学のすべてがあるのだ。(45)

「私を誕生させた渦に対して、そして私を死なせることになるその拡大に対して、私はなにもできはしない」(46)——そうセールは続ける。「原子の結合」としての事物、その渦の流れに巻き込まれてあり、それ自体流れの中の形態変化である人間存在、その生と死……。

仏教が、日本中世浄土教がルクレティウス＝セールの哲学と交叉し、ある仕方で結合するのは、この認識においてだ。仏教の世界認識における根本概念の一つ「微塵《みじん》：サンスクリット語《rajas, paramāṇu-rajas》」そして「極微《ごくみ》：同《paramāṇu》」とは〈それ以上分割できない最小の実体〉、すなわち、まさしく原子を指す。そして、日本中世浄土教の特性は、その「微塵」「極微」という原子の一つひとつに「如来」が、すなわち阿弥陀仏という「真如」が宿り、その大慈悲が貫徹していると考える点にある。たとえば、親鸞は、そしてその直系にある教義の書はつぎのように述べている——

「涅槃」をば滅度といふ、無為といふ、安楽といふ、常楽といふ、実相といふ、法身《はっしん》といふ、法性《ほっしょう》といふ、真如といふ、一如といふ、仏性といふ、仏性すなはち如来なり。この如来、微塵世界にみちみちたまへり、すなはち一切群生海《ぐんじょうかい》の心《しん》なり。(47)

念仏三昧において信心決定せんひとは、身も南無阿弥陀仏、こころも南無阿弥陀仏なりとおもふべきなり。ひとの身をば地《じ》・水《すい》・火《か》・風《ふう》の四大《しだい》よりあひて成ず。小乗には極微の所成といへり。身を極微にくだきてみるとも報仏の功徳の染まぬところはあるべからず。されば機法一体の身も南無阿弥陀仏なり。〔…〕こころを刹那にちわりてみるとも、弥陀の願行の遍せぬところなければ、機法一体にしてこころも南無阿弥陀仏なり。弥陀大悲のむねのうちに、かの常《じょ》没《うもつ》の衆生みちみちたるゆゑに、機法一体にして南無阿弥陀仏なり。(48)

第一の引用は親鸞の『唯信鈔文意』の中の一節であり、「涅槃」は「法性」「真如」「仏性」等々と言い換えられるが、この「仏性」そのものであるのが阿弥陀如来であり、その「如来」が「微塵世界」＝原子の集合体に満ち溢れていること、したがって、それが「一切群青海」＝生きとし生けるものの「心」そのものと化していること――親鸞が説くのは、そのような如来原子論とでも呼ぶべき思考である。他方、第二の引用は『安心決定鈔《あんじんけつじょうしょう》』の一節である。この書は著者不詳、成立時期も遅くとも一四世紀初頭までと推定されるのみだが、蓮如がこれを「聖教」と位置づけたことにもうかがえるように、中世の浄土系信仰に大きな影響力をもった。中心をなすのは「機法一体」論、すなわち、衆生の信心＝「機」と阿弥陀仏の救済力＝「法」が一体不離のものだという教えであり、浄土真宗の根本概念の一つだが、ここで注目されるのは、衆生の身体を「極微」に砕いてみても「報仏の功徳」が浸透していないところはない、とこの教義書が説いている点である。人間の身体を自然の四大要素たる「地・水・火・風」の合成とみなすこと自体は、仏教古来の伝統的思考であり——この「四大《しだい》」にさらに「空《くう》」を加えた「五大」が古代インドから続く古典的認識論である——、かつ、古代ギリシアの四元素論とまったく同一だが、その合成が「小乗」仏教において「極微」＝原子の成すところだと考えられていたことを想起する点において、そして身体のみならず「こころ」を一瞬ごとに千々に割ってみても、そこには「弥陀の願行」が遍く浸透していると考える点において、この書もまた心身を同じ「極微」の集合とみなす原子論的自然学の書であると言えるだろう。日本中世の浄土教は、近代的眼差しのバイアスを取り払って見るとき、ルクレティウス＝セールとまったく同じ唯物論の思考として立ち現れてくるのである。

事実、この方向性は一遍においていっそう明確になる。そこではまさしく自然の総体が称名念仏の声、その気息によって貫かれるさまが描き出されている。「智恵をも愚痴をも捨」て、「善悪《ぜんなく》の境《きょう》界《がい》」も「貴賤高下の道理」も「地獄をおそるゝ心」も「極楽を願ふ心」さえも捨てて称える念仏こそが「本願」に適う念仏だと断言しつつ、一遍はこう告げる——

かやうに打（ち）あげ打（ち）あげとなふれば、仏もなく我もなく、まして此内に兎角の道理もなし。善悪の境界皆浄土なり。外に求（む）べからず、厭（ふ）べからず。よろづ生（き）としいけるもの、山河草木、ふく風たつ浪の音までも、念仏ならずといふことなし。人ばかり超世の願に預（る）にあらず。[49]

「超世の願」＝阿弥陀仏の一切衆生を救わんとする悲願の効果を授かるのは「人ばかり」ではない。ここでは、声高く称える一遍の念仏、あらゆる道徳的・社会的・観念的な分別判断を打ち砕きつつ、大慈悲というたった一つの情動だけを伝えて鳴り響くその気息に満たされることで、しかし文字どおり生きとし生けるものが、「山河草木、ふく風たつ浪の音」が、すなわち、その環境にある多数多様な事物たちが触発され、かつ、たがいに触発し合い、それ以後、触発の連鎖を続けることをやめない、そんなすべてが念仏と化す世界。ここには「自然」に徹底的に内在しつつ念仏を称えることで、その声と気息によって「自然」の総体を人間的な領土化と条里化から解放された平滑空間とする一つの鋭い実践がある。

だが、留意しよう、この一遍的な「汎念仏」化の実践が産み出すのは、一つの総体ないし総和であっても、一つの全体ではない。一遍的な称名がすべてを念仏に変えると言うとき、それは他者たちを、環境に生きる多様な存在たちを包摂しつつ統合し、一つの世界へと組みあげることを企図しているわけではない。「南無阿弥陀仏」という一句が「帰依－無限者に」という遂行的な誓いないし宣言であるからには、その言表の宛先は無限であり、その声の射程も、その一句を受け取りつつみずからそれを反復する他者たちの言表も、無限へと開かれていなければならず、したがって、その実践が作り出すのは、「自然」がそうであるのと同様に、決して全体化されず統一化されもしない、つねに諸部分の配列だけである。ドゥルーズは書いている――

〈自然〉は雑多なるもの〔divers〕の原理として、そしてその産出の原理として思考されねばならない。しかし、雑多なるものの産出の原理が意味をもつのはただ、その原理がそれ自身の諸要素を一つの全体のうちに取り集めないかぎりにおいてのみである。〔…〕雑多なるものの産出としての〈自然〉は、一つの無限なる総和でしかあり得ない、つまり、それ自身の諸要素を全体化しない一つの総和でしかあり得ないのである。〈自然〉のあらゆる要素を一度に包括できるような組み合わせは存在せず、唯一の世界あるいは全体的なる宇宙〔univers〕も存在しない。ピュシスは〈一なるもの〉、〈存在〉あるいは〈全体〉を決定するものではない。〈自然〉は集合的ではなく、配分的なのである。すなわち、〈自然〉の諸法則（いわゆる *foedera fati*〔運命の同盟〕との対立における *foedera naturai*〔自然の同盟〕）は、全体化されない部分の数々を配分するのだ。〈自然〉は付与的＝属詞的〔attributive〕ではなく、結合的＝接続詞的〔conjonctive〕なのである。すなわち、〈自然〉がみずからを表現するのは「と」においてであって、「～である」においてではないのだ。[50]

「〈自然〉はまさしく力能」だが、しかしそれは「その名のもとに、すべてが一度に結集する可能性なしに、諸物が一つひとつ存在する」[51]、そんな力能なのだとドゥルーズは言う。法然－親鸞－一遍における称名念仏が、すなわち「自然」へ内在しつつ生成変化を遂げようとするその声が開こうとするのは、そのような力能にほかならず、したがって称名念仏が目指すのは、一つの、あるいは多数の、つねに別種の集団である。衆生が称名念仏するとき、その集団は「大慈悲」というただ一つの情動によって結び合う。しかし、それは唯一の情動のもとに衆生が結集することを意味しない。ハイデガーにおける「根本情調」がナチ的「精神」による統率と全体化に抗い、帝国的ドイツ民族のいわば深層部へと降り立ち、その深淵において「根源的共同体」を組織すべく「現存在」を促したことを想起しよう。そこにあったのは、大地を故郷とする「真の結集」への切迫した呼びかけであった。だが、「大慈悲」という情動が貫くとき、生起するのがそれとはまったく異なる出来事であることは、もはや明らかだ。「自然」の形相なき力能そのものである「阿弥陀仏」、その無限への帰依においてたがいに呼びかけ、たがいに触発し合う衆生は、いかなる次元でも結集せず、どのような場をも故郷としない。ただ称名念仏の気息のみ、ただ大地から離脱してゆく声の響きが乱反射する圏域のみを生きる衆生は、つねにみずからの力能によってみずからを肯定する単独者たちであり、その結合の論理は〈-と-〉による接続なのである。つねに中心を欠いたまま、そのつど局所的に群れを作り、雲あるいは渦あるいは乱流となって移動してゆく念仏の衆生——それは大気と風の遊牧民《ノマド》なのだ。

この新たな民——それは民族集団ではなく、どこまでも衆生という名の非-可算的な集合である——において、さらに問われるべき問い——それは感情の態勢である。ここでも比較の対象として想起し得るのは、ハイデガーの民族だ。ハイデガーが「大いなる転回」を引き起こし、別種の民族の生成を可能にするために必須だと考えた「根本情調」とは「聖なる喪」であった。すでに消え去って久しく、いまだそれがふたたび到来することが強く予感されるだけの不在の神々——その深い喪失を悲しみ、喪失をその絶対性において引き受け、耐え抜くこと。空位を保ち、至高の不在者が発する緊張した無の音域を聴き取りつつ、その時刻にまさに大地に立ち続けること。それがハイデガーの要請する「聖なる喪」という「根本情調」の経験であり、たんに心的領域には還元できないその経験こそが、民族の生成の力そして結集の中心たり得るとハイデガーは告げたのだった。

だが、それがたんなる否定的感情ではなく、決して弁証法化できない特異な「情調」であるにしても、それでもやはり、それが欠如に由来する負の強度を帯びていることに変わりはない。そして加うるに、それが耐え抜くという姿勢を要請するものであることから、この「根本情調」は現存在がある特有の雄々しさをそなえることを、つまりは英雄的＝男性的な性質を身に纏うことを不可避とする。この「転回」において民族は、性的に価値中立的ではなく、潜在的にせよ男性的に性化されるべきことを免れないのである。

しかし、念仏の衆生はどうか。大気と風の遊牧民《ノマド》たる念仏の衆生、称名念仏の行ないによって「自然」に内在しつつ大気への離脱を反復する新たな民にとって、悲しみこそは、真っ先に、そしてつねにすでに斥けるべき感情である。「〈自然主義〉」は「悲しみの原因であるもののすべて」をつねに「告発する」のだ。ドゥルーズによれば——

かつて一度も「脱神話化」の企てがこれ以上遠くまで推し進められたことはなかった。神話はつねに、贋の無限と魂の混乱の表現である。〈自然主義〉のおよそ最も深い定項の一つは、悲しみであるもののすべて、悲しみの原因であるもののすべて、みずからの権力を行使するために悲しみを必要とするもののすべてを告発することにある。ルクレティウスからニーチェまで、この同じ目的が追求され、達成されてきた。〈自然主義〉は思考から一つの肯定を、感受性から一つの肯定を作り出す。それは、否定的なるものの威光＝幻惑に立ち向かい、あらゆる力能から否定的なるものを罷免し、哲学において語る権利を否定的なるものの精神に認めないのである。〔…〕ルクレティウスは、はるか後世へむけて自然主義のさまざまな含意を定めた。すなわち、〈自然〉の肯定性、肯定の哲学としての〈自然主義〉、多様なる肯定に結ばれた多元論、雑多なるものの喜びに結ばれた感覚論、あらゆる神話化の実践的批判がそれである。(52)

これに先立つくだりでドゥルーズは述べていた——「人間において、神話に帰されるものと〈自然〉に帰されるものを区別すること、そして、〈自然〉そのものにおいて、真に無限であるものとそうではないものを区別すること——これこそが、〈自然主義〉の実践的かつ思弁的な目的である」(53)、と。阿弥陀仏という「真に無限であるもの」に帰依し、その「自然《じねん》」という無限の形相なき力能に内在することとは、まさしく〈自然〉の肯定性との出会いであり、そこから可能になるのは「多様なる肯定に結ばれた多元論」「雑多なるものの喜びに結ばれた感覚論」にほかならない。したがって、衆生はこのとき、「あらゆる力能から否定的なるもの」をきっぱりと「罷免」する闘いの力能をそなえた戦士となり、その結果、「悲しみであるもののすべて」から誰よりも力強く遠ざかっていくことになるだろう。そして衆生はまた、「悲しみ」に支配されつつ雄々しく耐えるがゆえに〈男性〉

性に中心化されるという性的差異の一元化からも逃れ去り、多様なる性化、多形《ポリモルフィック》的な性が肯定される領野へと移行するだろう。はたしてハイデガーは、その「権力を行使するために悲しみを必要」としたのか——それはすでに虚しい問いである。なぜなら、称名念仏の衆生は今や、その気息の速度、その気息の軽やかさによって、悲しみの大地から離脱してはるかな大気の中へと生成変化を遂げ、渦巻く風、乱流、そして微粒子の群れを作りながら移動し続けているからである。

〈風 - になること〉——それは大慈悲の力によって喜びの世界へ、肯定の喜びに満ち溢れた世界へ出ていくことだ。その世界を今 - ここに開かれる〈外〉と呼ぶこと、すなわち浄土コミューンと呼ぶことを、私たちはもう、ためらうまい。

註

(1)『日本国憲法』長谷部恭男解説、岩波文庫、二〇一九年、六八 - 六九頁。
(2) 同書、一〇頁。
(3) 同書、一三頁。
(4) 宮沢俊義「日本国憲法誕生の法理」『憲法の原理』岩波書店、一九六七年所収、三八四頁。
(5) 同書、三八九頁。
(6) 同書、三八四頁。強調原文。
(7) 第一条を逆向きに読み換えることによるこの定義については、鵜飼哲『民主主義と天皇制、そしてオリンピック』アジェンダ・プロジェクト編集・発行、二〇一八年、一五 - 一六頁を参照。
(8) 丸山はつぎのように書いている——「日本軍国主義に終止符が打たれた八・一五の日はまた同時に、超国家主義の全体系の基盤たる国体がその絶対性を喪失し今や始めて自由なる主体となった日本国民にその運命を委ねた日でもあったのである」（「超国家主義の論理と心理」『超国家主義の論理と心理 他八篇』岩波文庫、二〇一五年所収、三七頁）。

(9) ここでの象徴天皇制についての批判的分析は、つぎの拙稿とその一部が重複している——「「象徴」の政治、外への祈り——天皇制から離脱するために」『福音と世界』二〇一九年一一月号、新教出版社。

(10) マルティン・ハイデッガー「ドイツ的大学の自己主張」矢代梓訳、『30年代の危機と哲学』平凡社ライブラリー、一九九九年所収、一一七頁。「現存」を「現存在」に変更したほか、漢字・仮名表記等を軽度に変更。以下同様。

(11) 同書、一〇四頁。

(12) 同書、一一八頁。

(13) 同書、一一一頁。強調引用者。

(14) 同書、一一九–一二〇頁。同右。

(15) 同書、一〇五頁。強調原文。

(16) 同書、一〇八–一〇九頁。同右。

(17) マルティン・ハイデッガー「シュピーゲル対談」『形而上学入門』川原栄峰訳、平凡社ライブラリー、一九九四年所収、三七八頁。

(18) マルティン・ハイデッガー『ヘルダーリンの讃歌「ゲルマーニエン」と「ライン」』木下康光＋ハインリッヒ・トレチアック訳、「ハイデッガー全集」第39巻、創文社、一九八八年、八五頁。「有」を「存在」に、「有るもの」を「存在者」にするなど、術語と文体の統一のため、訳文全体を軽度に変更。以下同様。

(19) 同書、二六頁。強調原文。

(20) 同書、八五頁。

(21) 同書、七〇頁。

(22) 同書、一一九–一二〇頁。

(23) 同書、二九–三〇頁。

(24) 同書、六頁。

(25) 同書、一〇頁。強調引用者。

(26) 同書、六二‐六三頁。
(27) 同書、九四頁。
(28) 同書、一五六頁。
(29) 同書、九一頁。
(30) 同書、九四頁。
(31) 同書、一五七頁。
(32) 同書、一五六頁。
(33) Friedrich Hölderlin, *Sämtliche Werke und Briefe*, Hrsg.von Michael Knaupp, Carl Hanser Verlag, 1992, Bd.I, S. 404.（『ヘルダーリン全集2』手塚富雄・浅井真男訳、河出書房新社、二〇〇七年、一九七頁）。訳文は引用者による。
(34) マルティン・ハイデッガー『ヘルダーリンの讃歌「ゲルマーニエン」と「ライン」』前掲書、一〇一頁。
(35) 同書、九九‐一〇〇頁。強調原文。
(36) 同書、一一九‐一二〇頁。強調引用者。
(37) 同書、一五八頁。強調原文。
(38) 同書、一五九頁。
(39) カール・シュミット『政治神学』田中浩・原田武雄訳、未来社、一九九三年、一九‐二一頁。「決定」を「決断」に変更。
(40) マルティン・ハイデッガー『ヘルダーリンの讃歌「ゲルマーニエン」と「ライン」』前掲書、一六一頁。
(41) Gilles Deleuze et Félix Guattari, *Mille Plateaux—Capitalisme et Schizophrénie*, Éd de Minuit, 1980, p. 610.（ジル・ドゥルーズ&フェリックス・ガタリ『千のプラトー（下）』宇野邦一ほか訳、河出文庫、二〇一〇年、二七七頁）。訳文は引用者による。
(42) 同右。
(43) 同書、三三三頁。（*Ibid.*, p. 447.）
(44) ルクレーティウス『物の本質について』樋口勝彦訳、岩波文庫、一九六一年、七一‐七二頁。訳文は『事物の本性について——宇宙論』藤沢令夫・岩田義一訳、『ウェルギリウス　ルクレティウス』「世界古典文学全集21」筑摩書房、一九六五年所収を参照しつつ、軽度に変更。
(45) Michel Serres, *La Naissance de la physique dans le texte de Lucrèce—Fleuves et Turbulences*, Éd.de Minuit, 1977, pp. 115-116.（ミッシェル・

セール『ルクレティウスのテキストにおける物理学の誕生』豊田彰訳、法政大学出版局、一九九六年、一三八－一三九頁）。強調原文。訳文は引用者による。以下同様。

（46）*Ibid.*,p.116.（同書、一三九頁）。

（47）『浄土真宗聖典――註釈版 第二版――』浄土真宗本願寺派総合研究所編、本願寺出版社、二〇一三年、七〇九頁。強調引用者。

（48）同書、一三九〇－一三九一頁。強調引用者。

（49）『一遍上人全集』橘俊道・梅谷繁樹訳、春秋社、二〇一二年、二二一－二二二頁。

（50）Gilles Deleuze, *Logique du sens*, Éd.de Minuit, 1969, p. 308.（ジル・ドゥルーズ『意味の論理学』（下）小泉義之訳、河出文庫、二〇〇七年、一五八頁）。強調原文。訳文は引用者による。以下同様。

（51）*Ibid.*, pp. 308-309.（同書、一五九頁）。

（52）*Ibid.*, pp. 323-324.（同書、一七九－一八〇頁）。

（53）*Ibid.*, pp. 322-323.（同書、一七八－一七九頁）。

あとがき

　危機の中から開始され、危機を生き延びていく方法論を産出することを目指して日本中世の浄土教の地層へと遡行し、その地層を現代哲学に直結させることで、新たな解放の思考を発生させ、生成させることを試みた本書――その実験は、はたして成功しただろうか。いや、性急に成否を問うことは無意味だろう。ここで私が組み立てた思考、変革のためのその心的および物質的な運動の装置が実際に作動するか否か、現実の社会の領野に実効性のあるはたらきかけをし、私たちの思考と論理の惰性的習慣を打破できるか否かは、むろん、予測不可能であり、その計算不可能な未来にむけてこそ、この本は投げ出されているからだ。

　しかし、現時点ではっきりしている事実がある。それは、この本の端緒における予想をはるかに凌駕して、新型コロナウイルス感染症が文字どおりカタストロフィックな惨状を作り出したことだ。世界全体における感染者数は累計一億五四三八万六一八三人、死者数は三二二万八五四七人にのぼり、各国の死者は、合衆国が五七万八五〇〇人、ブラジルが四一万五八八人、インドが二二万六一八八人、メキシコが二一万七七四〇人という未曽有の規模であり、ヨーロッパ諸国においても、イギリス一二万七八〇〇人、イタリア一二万一七三八人、フランス一〇万五五四八人、ドイツ八万三八九五人、スペイン七万八三九九人……という悲劇的な犠牲者を出した（統計は二〇二一年五月五日現在、ジョンズ・ホプキンス・コロナウイルス・リソースセンター〔Johns Hopkins Coronavirus Resource Center, https://coronavirus.jhu.edu〕による）。日本も今やその悲劇を免れてはおらず、すでに一万四四一人の死者を出し、現在、強毒化し感染力を強めた変異株の拡がりとともに、二〇代・三〇代の若年層をも巻き込みながら、感染が加速度的に増加しつつある。

だが、数字を前にして悲嘆に暮れることにもまた、もはや意味はないだろう。そもそも死者を数としてカウントすることは、死者に対する冒瀆であり、そこにあるのは、死という一つの生に起きる絶対的に特異なる出来事を統計的処理可能と見なす思考、それ自体発症して久しい近代性の病んだ思考にほかならない。人間の個体は、類一般の生を生きて類一般の死を死ぬわけではない。人間存在に固有の価値があるとすれば、それはそれぞれの存在が、生のどの瞬間にあってもその特異性を生きているから、どの瞬間にあっても決して一般性に還元されない一つの強度であるからだ。そして、そのような一つの特異性＝強度である生たちが、たがいをそのようなものとして肯定し合い、たがいにそのようなものとして結び合う場所こそが、真に社会と呼ばれるべき場所である。

ところが、新型コロナウイルス感染症が露呈させたのは、そのような場所がこの世界から遍く消されつつあるという苦い現実である。世界資本主義の論理のもとで、すべてが貨幣という「一般的価値形態」（マルクス）の尺度によって共約されつつ比較衡量され、その尺度のうちでより大きな価値を生む「生産性の高い」存在が選択的に評価され、救われ、その尺度によって計量化されず包摂されない存在は淘汰され、救われず、やがて不在に等しいと見なされる。そしてその一方で人々は今や、人間が人類として生き残ることを最優先課題としつつある。曰く、人間がその科学技術によって自然を破壊し、地球環境全体を変質させた。時代は「人新世」だ。だから過度な自然への介入をやめ、適度に自然を利用しながら地球にやさしい生産活動と消費サイクルに切り替えよう、すなわち「持続可能な開発目標SDGs」への転換を、というわけだ。

だが、これほど愚かな発想はない。そこにあるのは、自然を対象化しつつそこから自己のための利益を引き出し、自然を利用可能なものであり続けさせ、「開発」という名の搾取を「持続」するためにのみ自然を温存しようという、どこまでも人間中心主義的な思考であり、自然に対する超越への欲望に支配された肥大したヒューマニティの症状形成以外のものではない。

だから、そのような論理と世界から脱却すること、そのような論理と世界から積極的に逸脱し、醜い人間的欲望に浸された世界の内部に別の場を穿つこと。世界の内部に別の場を穿ち、その開かれを反復し、計算可能性と共約可能性の論理から逃れ去るその非－連続的な多数化する出来事の場において、私たちの存在をそのつど絶対的に肯定すること――そのための方法論だけを、私はこの本で探求した。

この方法論が、この祈りが、多くの人々のもとに届き、実現されることを強く願う。

＊

最後に深い感謝の言葉を――

早稲田大学法学学術院の同僚の皆さんへ――著者が属している語学教養科目担当者懇談会、とりわけフランス語・スペイン語打ち合わせ会の谷昌親、中村隆之、ヴァンサン・マニゴ、岩村健二郎、石田智恵さんには、この間、困難な状況下でたくさんの配慮と励ましをいただいたし、法律専門家の諸氏からもまた共同研究や、新たな教育プログラムの稼働にむけた共同作業の機会をいただいた。浄土宗・専念寺の檀信徒の皆さん、そして同・東京教区城西組牛込部の諸大徳へ――この方々のご理解と折に触れての厚情の数々が著者に力を与えてくださった。

そして、元・河出書房新社の阿部晴政さんに――前著『他力の哲学――赦し・ほどこし・往生』に続けて、この本も阿部さんを最初の宛先として書かれた。日本語圏のジル・ドゥルーズ受容の出版界における最大の貢献者たる阿部さんの、編集者としての長い経験にもとづく鍛え抜かれた鋭い読解の眼差し、そして温かな助言に支えられて、著者は書き続けることができた。この二月末のご退職後も担当を継続していただいた。今後も、さまざまな場面でご一緒できればと心から希望する。

その他、妻・章子、そして著者が仕事と日常を分かち合っている方々に、あらためて感謝する。

この本が、危機の時代における救いの地平への出立の合図となることを祈念しつつ――。

二〇二一年〔仏暦二五六四年〕五月六日

守中高明

装幀家・桂川潤さんの突然の訃報に接した。この傑出した才能が喪われたことを深く悲しむと同時に、本書がその最後の仕事の一つとなったことをここに刻み、永く記憶にとどめたい。

（二〇二一年七月一一日　著者）

＊引用文献

・大橋俊雄『法然全集』全三巻、春秋社、一九八九年。
・『法然上人絵伝』（上）（下）、大橋俊雄校注、岩波文庫、二〇〇二年。
・『浄土真宗聖典――註釈版　第二版――』浄土真宗本願寺派総合研究所編、本願寺出版社、二〇一三年。
・『真宗聖典』真宗聖典編纂委員会編、東本願寺出版、二〇一八年。
・『浄土真宗聖典全書（二）宗祖篇 上』教学伝道研究センター編、本願寺出版社、二〇一六年。
・『一遍上人全集』橘俊道・梅谷繁樹訳、春秋社、二〇一二年。
・『一遍聖絵』聖戒編、大橋俊雄校注、岩波書店、二〇〇〇年。
・『日蓮文集』兜木正亨校注、岩波文庫、二〇一七年。
・『親鸞集 日蓮集』名畑應順・多屋頼俊・兜木正亨・新間進一校注、「日本古典文学大系82」岩波書店、一九六四年。
・源信『往生要集』（上）（下）、石田瑞麿訳註、岩波文庫、二〇一七年。
・『鎌倉旧仏教』鎌田茂雄・田中久夫校注、「日本思想大系15」岩波書店、一九七一年。
・『一言放談』小西甚一校注、ちくま学芸文庫、一九九八年。
・『浄土三部経』（上）（下）、中村元・早島鏡生・紀野一義訳注、岩波文庫、一九九〇年。
・鴨長明『方丈記』、『方丈記 徒然草』西尾實校注、「日本古典文学大系30」岩波書店、一九五七年。
・『塵袋』全二巻、大西晴隆・木村紀子校注、「東洋文庫」七二三、平凡社、二〇〇九年。
・『新修 日本絵巻物全集』第二七巻、『天狗草紙　是害房繪』角川書店、一九七八年。
・網野善彦『中世の非人と遊女』講談社学術文庫、二〇一八年。
・折口信夫「民族史観における他界観念」『折口信夫全集』第一六巻、「民俗学篇2」中公文庫、一九七六年。
・『日本国憲法』長谷部恭男解説、岩波文庫、二〇一九年。
・丸山眞男『超国家主義の論理と心理 他八篇』岩波文庫、二〇一五年。
・宮沢俊義『憲法の原理』岩波書店、一九六七年。

・鵜飼哲『民主主義と天皇制、そしてオリンピック』アジェンダ・プロジェクト編集・発行、二〇一八年。
・ルネ・デカルト『情念論（精神の諸情念）』野田又夫訳、『デカルト』「世界の名著22」中央公論社、一九六七年。
・Gilles Deleuze, *Différence et répétition*, PUF, 1968.（ジル・ドゥルーズ『差異と反復』（上）（下）財津理訳、河出文庫、二〇〇七年）。
・Gilles Deleuze, *Logique du sens*, Éd.de Minuit, 1969.（ジル・ドゥルーズ『意味の論理学』（上）（下）小泉義之訳、河出文庫、二〇〇七年）。
・Gilles Deleuze, *Nietzsche et la philosophie*, PUF, 1962.（ジル・ドゥルーズ『ニーチェと哲学』江川隆男訳、河出文庫、二〇〇八年）。
・Gilles Deleuze, *Spinoza—Philosophie pratique*, Éd.de Minuit, 1981.（ジル・ドゥルーズ『スピノザ——実践の哲学』鈴木雅大訳、平凡社ライブラリー、二〇一九年）。
・Gilles Deleuze et Félix Guattari, *Mille Plateaux—Capitalisme et Schizophrénie*, Éd.de Minuit, 1980.（ジル・ドゥルーズ＆フェリックス・ガタリ『千のプラトー——資本主義と分裂症』（上）（中）（下）宇野邦一・小沢秋広・田中敏彦・豊崎光一・宮林寛・守中高明訳、河出文庫、二〇一〇年）。
・マルティン・ハイデッガー「ドイツ的大学の自己主張」矢代梓訳、『30年代の危機と哲学』清水多吉・手川誠士郎編訳、平凡社ライブラリー、一九九九年。
・マルティン・ハイデッガー「シュピーゲル対談」、『形而上学入門』川原栄峰訳、平凡社ライブラリー、一九九四年。
・マルティン・ハイデッガー『ヘルダーリンの讃歌「ゲルマーニエン」と「ライン」』木下康光＋ハインリッヒ・トレチアック訳、「ハイデッガー全集」第39巻、創文社、一九八八年。
・Friedrich Hölderlin, *Sämtliche Werke und Briefe*, Hrsg.von Michael Knaupp, Carl Hanser Verlag, 1992, Bd.I.（フリードリッヒ・ヘルダーリン『ヘルダーリン全集2』手塚富雄・浅井真男訳、河出書房新社、二〇〇七年）。
・Julia Kristeva, *Pouvoir de l'horreur—Essai sur l'abjection*, Éd.du Seuil, Collection « Points », 1983.（ジュリア・クリステヴァ『恐怖の権力——〈アブジェクシオン〉試論』枝川昌雄訳、法政大学出版局、一九八四年）。
・ルクレーティウス『物の本質について』樋口勝彦訳、岩波文庫、一九六一年。
・ルクレティウス『事物の本性について——宇宙論』藤沢令夫・岩田義一訳、『ウェルギリウス ルクレティウス』「世界古典文学全集21」筑摩書房、一九六五年。

・フリードリッヒ・ニーチェ『善悪の彼岸 道徳の系譜』信太正三訳、「ニーチェ全集11」ちくま学芸文庫、一九九三年。
・フリードリッヒ・ニーチェ『偶像の黄昏 反キリスト者』原佑訳、「ニーチェ全集14」ちくま学芸文庫、一九九四年。
・フリードリッヒ・W・J・シェリング「哲学的経験論の叙述」岩崎武雄訳、『フィヒテ シェリング』、「世界の名著 続9」中央公論社、一九七四年。
・カール・シュミット『政治神学』田中浩・原田武雄訳、未來社、一九九三年。
・Michel Serres, *La Naissance de la physique dans le texte de Lucrèce—Fleuves et Turbulences*, Éd de Minuit, 1977.（ミシェル・セール『ルクレティウスのテキストにおける物理学の誕生』豊田彰訳、法政大学出版局、一九九六年）。
・バルーフ・デ・スピノザ『エチカ（倫理学）』（上）（下）畠中尚志訳、岩波文庫、二〇一一年。

＊参考文献

・法然『選択本願念仏集』大橋俊雄校注、岩波文庫、一九九七年。
・『顕浄土眞實教行證文類 翻刻篇』大谷大学編、真宗大谷派宗務所、二〇一二年。
・『親鸞全集』全四巻＋別巻、石田瑞麿訳、春秋社、二〇一〇年。
・『浄土真宗聖典 七祖篇』浄土真宗本願寺派総合研究所編、本願寺出版社、二〇一七年。
・『往生要集 全現代語訳』川崎庸之・秋山虔・土田直鎮訳、講談社学術文庫、二〇一八年。
・『日蓮』戸頃重基・高木豊校注、「日本思想史大系14」岩波書店、一九九一年。
・日蓮『立正安国論 全訳註』佐藤弘夫、講談社学術文庫、二〇〇八年。
・『聖書 新共同訳 旧約聖書続編つき』日本聖書協会、一九八七／一九八八年。
・バルーフ・デ・スピノザ『エティカ』工藤喜作・斎藤博訳、『スピノザ ライプニッツ』「世界の名著25」中央公論社、一九七四年。
・フリードリッヒ・ニーチェ『生成の無垢』（上）（下）原佑・吉沢伝三郎訳、「ニーチェ全集 別巻3」、同「4」ちくま学芸文庫、一九九四年。
・網野善彦ほか『日本歴史の中の被差別民』奈良人権・部落解放研究所編、新人物往来社、二〇〇一年。
・喜田貞吉『被差別部落とは何か』河出文庫、二〇一九年。
・喜田貞吉『賤民とは何か』ちくま学芸文庫、二〇一九年。
・高橋貞樹『被差別部落一千年史』沖浦和光校注、岩波文庫、一九九二年。
・細川涼一『中世の身分制と非人』日本エディタースクール出版部、一九九四年。
・柳田国男『被差別民とはなにか――非常民の民俗学』河出書房新社、二〇一七年。
・脇田晴子『日本中世被差別民の研究』岩波書店、二〇〇二年。

・富士川游『日本疾病史』平凡社、一九六九年。
・『日本史総合年表』加藤友康・瀬野精一郎・鳥海靖・丸山雍成編、吉川弘文館、二〇一九年。
・江川隆男『アンチ・モラリア――〈器官なき身体〉の哲学』河出書房新社、二〇一四年。
・江川隆男『スピノザ『エチカ』講義――批判と創造の思考のために』法政大学出版局、二〇一九年。
・江川隆男『すべてはつねに別のものである――〈身体‐戦争機械〉論』河出書房新社、二〇一九年。
・鈴木大拙『浄土系思想論』岩波文庫、二〇一六年。
・鈴木大拙『日本的霊性』岩波文庫、二〇一六年。
・末木文美士『増補 日蓮入門――現世を撃つ思想』ちくま学芸文庫、二〇一〇年。
・吉本隆明『論註と喩』言叢社、一九七八年。
・吉本隆明『最後の親鸞』ちくま学芸文庫、二〇〇二年。

守中高明（もりなか・たかあき）
1960年東京生まれ。早稲田大学法学学術院教授。浄土宗・専念寺住職。
著書に『脱構築』（岩波書店、1999年）、『存在と灰——ツェラン、そしてデリダ以後』（人文書院、2004年）、『法』（岩波書店、2005年）、『終わりなきパッション——デリダ、ブランショ、ドゥルーズ』（未來社、2012年）、『ジャック・デリダと精神分析——耳・秘密・灰そして主権』（岩波書店、2016年）、『他力の哲学——赦し・ほどこし・往生』（河出書房新社、2019年）などが、詩集に『守中高明詩集』（思潮社、現代詩文庫157、1999年）、翻訳にデリダ『シボレート——パウル・ツェランのために』（共訳、岩波書店、1990年）、同『たった一つの、私のものではない言葉——他者の単一言語使用』（岩波書店、2001年）、同『コーラ——プラトンの場』（未來社、2004年）、同『精神分析の抵抗』（共訳、青土社、2007年）、同『赦すこと——赦し得ぬものと時効にかかり得ぬもの』（未來社、2015年）、ドゥルーズ＆ガタリ『千のプラトー』（共訳、河出文庫、2010年）、ドゥルーズ『批評と臨床』（同前）などがある。

浄土の哲学　念仏・衆生・大慈悲心

2021年8月20日　初版印刷
2021年8月30日　初版発行

著　者　守中高明
装　幀　桂川潤
発行者　小野寺優
発行所　株式会社河出書房新社
〒151-0051　東京都渋谷区千駄ヶ谷2-32-2
電話　(03)3404-1201（営業）　(03)3404-8611（編集）
https://www.kawade.co.jp/

組版　株式会社キャップス
印刷　三松堂株式会社
製本　小泉製本株式会社

Printed in Japan
ISBN978-4-309-22825-9

他力の哲学

赦し・ほどこし・往生

守中高明

浄土は、いま、どこにあるのか——〈他力〉の思考と実践を、その現代性を鳴り響かせつつ甦らせる「廻心」の書